VINCENT ZABUS, NICOBY
NACH DEM ROMAN VON
JOSTEIN GAARDER

Sofies Welt

VINCENT ZABUS, NICOBY
NACH DEM ROMAN VON
JOSTEIN GAARDER

Sofies Welt

ODER DIE GESCHICHTE DER PHILOSOPHIE

VON DEN ANFÄNGEN

AUS DEM FRANZÖSISCHEN VON
INA KRONENBERGER

HANSER

FÜR HILDE

WER NICHT VON DREITAUSEND JAHREN
SICH WEIß RECHENSCHAFT ZU GEBEN,
BLEIB IM DUNKELN UNERFAHREN,
MAG VON TAG ZU TAGE LEBEN.

JOHANN WOLFGANG GOETHE

1
WER BIST DU?
MEINST DU, WIR SIND VIELE?
SEKUNDE …

ES HABEN SICH GUT HUNDERT LEUTE ANGEMELDET.
HUNDERT?
NICHT SCHLECHT.
MEIN ONKEL HAT AUS SPAß SOGAR SLOGANS ENTWORFEN!
DEIN ONKEL?
JA, ER HAT SCHON EINIGE ZUSAMMEN.
„WIR SIND COOLER ALS DAS KLIMA!"
HAHA!
„DIE DINOSAURIER DACHTEN AUCH, SIE HÄTTEN ZEIT!"
„DEM EIS WIRD'S ZU HEIß!"

DANN BIS IN DREI TAGEN AUF DEM GROßEN PLATZ?
YES!
UNSERE ERSTE DEMO!

MMM, JA …
NA, SHIR KHAN! DU HAST HUNGER, WAS?
RE-KLAME, RE-KLAME.
Rr
?
Sofie Amundsen
HM? DA STEHT NICHT MAL MEINE ADRESSE …
Wer bist du?
WER SCHREIBT MIR DENN SO WAS?
WEIẞT DU DAS VIELLEICHT, KATZE?
IST SCHON KOMISCH, DASS MIR JEMAND EINFACH SO EINE KARTE SCHICKT, MIT EINER FRAGE …
WER BIST DU?
WER BIST DU?

WER BIST DU?
ICH BIN SOFIE AMUNDSEN.
DU BIST ICH.
ICH BIN DU.
BÄH!

TJA …
HÄTTE ICH ES SELBST IN DER HAND GEHABT, HÄTTE ICH MIR EINE ANDERE NASE VERPASST. UND LOCKEN.
STIMMT DOCH, SHIR KHAN?
ECHT SCHADE, DASS MAN SICH NICHT AUSSUCHEN KANN, WER MAN IST!
DAS WIRD EINEM EINFACH AUFGEZWUN-GEN, OHNE MIT-SPRACHERECHT …
ICH FÄNDE ES KLASSE, EINE KATZE ZU SEIN, DIE DEN GANZEN TAG GESTREICHELT WIRD UND NIE IN DIE SCHULE MUSS!
SO!
?!
SCHON WIEDER!
Sofie Amundsen
Wer
t du?
DAS KANN ECHT NICHT WAHR SEIN!
Sofie Amundsen

IST DAS EIN HEIMLICHER VEREHRER?
?
Hi Hi!
WEITER, PAPA, WEITER ...
Hi Hi Hi

KNIRSCH
HMMM
...
OKAY!

WER BIST DU?
TJA, SOBALD ICH AN DER ALTEN SCHAUKEL VORBEIKOMME, BIN ICH WIEDER DAS SECHSJÄHRIGE MÄDCHEN, DAS NICHT VERSTEHT, WARUM SEIN PAPA TOT IST.
DAS GANZ TRAURIG IST, WEIL ES SICH WEDER AN SEIN GESICHT ERINNERT ...
... NOCH AN SEINE STIMME.
OH?
AUF DER RÜCKSEITE STEHT NOCH WAS!
?
Woher kommt die Welt?

WAS SOLL DER SCHWACHSINN?!
Wer bist du?
He!
Wer schickt mir das?
Und warum?
RASCHEL RASCHEL
WOHER KOMMT DIE WELT?
WIE SOLL ICH DAS WISSEN?
RASCHEL RASCHEL
ICH WUSSTE JA NICHT MAL, DASS DAS BIO-OBST IM SUPERMARKT AUS SPANIEN KOMMT UND AUßERDEM VON MIGRANTEN GEERNTET WIRD, DIE MAN DORT AUSBEUTET.
WEIßT DU DAS? WOHER DIE WELT KOMMT?
NEE, WAS?
HM, ICH WEIß NUR, WIR LEBEN AUF EINEM KLEINEN PLANETEN IN EINEM GROßEN UNIVERSUM.
ABER WOHER DAS UNIVERSUM KOMMT? TJA ...
UND OB ES SCHON IMMER EXISTIERT HAT?
MANCHE HALTEN ES FÜR GOTTES WERK. DAS GLAUBE ICH ABER NICHT.
Hi Hi Hi!
Leck Leck

HE, SHIR KHAN, JETZT IST GUT ...
Leck Leck
Ritsch
Sofie Amundsen
Philosophiekurs
Mit großer Vorsicht zu behandeln.
MIT GROßER VORSICHT.
WAS SOLL MIT DEN BLÄTTERN SCHON PASS...
DEN BLÄ...
DEN BL...
HATSCHI
???

WOW!
IRRE!
Miau
Bravo, Sofie!
Als Philosophin musst du vor allem eins können: staunen!
TJA, DAS WAR EIN VOLLTREFFER! ICH STAUNE SEHR!
ABER EINE PHILOSOPHIN BIN ICH NICHT!
Noch nicht. Der Kurs soll dir dabei helfen, es zu werden.
MIR?
Ja!
ICH HAB KEINE AHNUNG VON PHILOSOPHIE ...
So kompliziert ist es nicht.
Wer Philosoph werden will, muss sich zuallererst Fragen stellen.
Es gibt Fragen, die sich alle Menschen stellen sollten! Genau das ist das Ziel des Kurses.

WAS FÜR FRAGEN?
Zum Beispiel, wer wir sind und warum wir leben.
Alle Generationen haben sich diese Fragen gestellt und versucht, sie irgendwie zu beantworten.
Die beste
SEKUNDE!
ie bes
ie beste
OK ...
ie beste Herangehensweise an die Philosophie ist, sich philosophische Fragen zu stellen.
Wie wurde die Welt erschaffen?
Steckt ein Wille oder ein Sinn hinter dem, was passiert?
Gibt es ein Leben nach dem Tod?
Wie soll man leben?
Diese Fragen haben sich die Menschen zu allen Zeiten und in allen Kulturen gestellt.
Die Geschichte der Philosophie hat darauf verschiedene Antworten parat.

Aristoteles, ein Philosoph, der vor mehr als 2000 Jahren gelebt hat, dachte ...
DIE PHILOSOPHIE VERDANKT SICH DER MENSCHLICHEN FÄHIGKEIT ZU STAUNEN. DER MENSCH FINDET SEINE EXISTENZ SO SELTSAM, DASS SICH DIE FRAGEN GANZ VON SELBST ERGEBEN.
DEIN ÜBERRASCHTER BLICK SAGT MIR, DASS DU DIR AUCH JEDE MENGE FRAGEN STELLST! DU BIST FÜR DIE PHILOSOPHIE ALSO DURCHAUS GEEIGNET.
PUFF
VERRÜCKT.
Aber aufgepasst!
PLONG
?!
Aber aufgepasst!?
Man gewöhnt sich schnell an alles!!
NEIN, NEIN, ICH BIN IMMER NOCH ERSTAUNT.

Aufgepasst...
?
!?!
Die Schwerkraft sagt dir doch was, oder?
JA!
DIE HÄLT MICH AM BODEN, SODASS DAS, WAS ICH GERADE ERLEBE, NORMALERWEISE NICHT PASSIERT!!
Genau!
Aber staunst du im Alltag noch über die Schwerkraft?
NEE! WEIL SIE IMMER DA IST, HAB ICH MICH DRAN GEWÖHNT.
Eben. Du hast dich daran gewöhnt.

DAS PROBLEM DER MENSCHEN IST, SIE GEWÖHNEN SICH AN ALLES.
UND STAUNEN NICHT MEHR.
DU BIST NOCH JUNG UND NEUGIERIG, STAUNST ALSO RASCH ÜBER DINGE …
… ABER DAS KÖNNTE SICH GEBEN.
OH NEIN, OH NEIN!
GERADE STAUNE ICH.
SEHR SOGAR!
UMSO BESSER!
Daher hat der Kurs das Ziel, dich zum Philosophieren zu bringen, bevor es zu spät ist. Staunen ist nämlich die Hauptvoraussetzung für Philosophen.
OKAY. ICH VERSPRECHE, AUCH IN ZUKUNFT IMMER ZU STAUNEN.
WIRD BALD ALLES WIEDER NORMAL?
RUMS
DANKE!

SO, SCHLUSS JETZT MIT SCHLAFEN UND TRÄUMEN.
...
OH!
ICH HAB EINE ECHTE BEULE!!!
VERRÜCKT.

AH, SOFIE! WIE GEHT'S DIR, LIEBES?
SIEH MAL,
MAMA!
?
WUNDERSCHÖN, ODER?
JA, DAS STIMMT.
DABEI NIMMT MAN SICH NIE DIE ZEIT, HINZUSCHAUEN UND ZU STAUNEN, WIE SCHÖN ES IST, UND DANN …
… VERGISST MAN ES.
SEHR SCHADE, ODER?

MAMA! WAR FÜR MICH WAS IN DER POST?
NEIN, LIEBES, ES IST SONNTAG!
DAS HÄLT MEINEN PHILOSOPHEN NICHT AB ...
WAS ER MIR WOHL HEUTE SCHREIBT?
?!
Sofie
OHHH

2 - Mythen und Natur-philosophen
Zisch
Sofie

RATSCH
FRR
BUMM
KRRRRRRRR
2 – Mythen und Naturphilosophen
BRR KRRR
KRRR
WAS SAGST DU?
DIE SCHRIFT IST ZU KLEIN, ICH HÖR DICH NICHT.
2 – Mythen und Naturphilosophen
FFFFSHHHHH

ICH SAGE: MÖGE ES WEITERREGNEN, DAMIT DIE FELDER HIER FRUCHTBAR WERDEN!
WER BIST DU? EINE RIESIN?!
NEIN, ICH BIN SOFIE UND MACHE BEI SO EINEM KOMISCHEN PHILOSOPHIEKURS MIT. UND DU?
THOR, DER DONNERGOTT AUS DER SKANDINAVISCHEN MYTHOLOGIE.
DER REGEN, DEN ICH BESCHWÖRE, BRINGT WACHSTUM UND GLÜCK.
SIEHST DU!!!
OH JA.
WOW!

DARUM WERDE ICH VON DEN BAUERN VEREHRT.
ICH HELFE FREYJA, UNSERER FRUCHTBARKEITSGÖTTIN, DAS LAND ZU BESTELLEN, DAMIT ES NAHRUNG IM ÜBERFLUSS HERVORBRINGT!
ICH DACHTE SCHON, DU WÄRST EIN RIESENTROLL, DER ES AUF MEINEN HAMMER ABGESEHEN HAT.
UAAH
?
OH NEIN.

EIN TROLL HAT MEINEN HAMMER GEKLAUT!!
RUMS
KEINE SORGE, NACH DEM WINTER HOLEN SIE IHN SICH ZURÜCK, UND ALLES SPRIEßT WIEDER!
Wenn das Land von schlechtem Wetter heimgesucht wurde, wollten die Leute verstehen, wie es dazu kam. Lag es daran, dass Riesentrolle Thors Hammer gestohlen hatten?
So erklärte zumindest die skandinavische Mythologie den Wechsel der Jahreszeiten.
Im Winter lag die Natur brach, weil Thor der Hammer entrissen worden war. Er musste ihn wiederfinden, damit die Natur im Frühling erneut erblühte.
ICH MACHE MICH JETZT AUF NACH JÖTUNHEIM, UM IHN ZURÜCKZU-HOLEN!
STAPF STAPF

Mythen bedienen sich der Götter, um natürliche und menschliche Phänomene zu erklären.
?
RASCHEL
Jahrtausendelang haben sich Menschen auf der ganzen Welt zur Beantwortung ihrer Fragen Mythen erzählt und sie an die nächste Generation weitergegeben.
Die Mythen unterscheiden sich von Land zu Land, von Kultur zu Kultur.
So hat man sich in Ägypten den Übergang vom Tag zur Nacht damit erklärt, dass der Sonnengott tagsüber mit seiner Barke über den Körper der Göttin NUT reist.
Erreicht die Sonne den Westen, wird sie von Nuts Mund verschluckt und gelangt in die mysteriösen Gefilde der Nacht.

Manche Mythen haben Spuren in unserer heutigen Sprache hinterlassen. Kennst du die Redewendung „die Büchse der Pandora öffnen"?
FRRRR
Sofie
FRRR
JA, ABER ICH WEIß NICHT GENAU, WAS SIE BEDEUTET.
Sie stammt aus einer griechischen Sage!
Sofie
Pandora ist die perfekte Frau, erschaffen von den Göttern des Olymp. Zeus hatte ihr eine Büchse überreicht, die sie verwahren, aber auf keinen Fall öffnen sollte!
Aber Pandora ist neugierig.
So lässt sie alles Übel frei, das die Büchse enthält: KRANKHEIT, ALTER, KRIEG.
Auf diese Weise erklärten sich die Griechen alles, woran sie litten, ohne zu wissen, warum.

Aber ein Mythos ist mehr als eine Erklärung. Man findet darin auch religiöse Praktiken, Riten.
Die Riten sind ein Versuch, Einfluss auf Ereignisse zu nehmen, die sich nicht beherrschen lassen.
MÄÄH
MÄÄH
Angesichts anhaltender Schlechtwetterphasen brachten die Menschen dem entsprechenden Gott Opfer dar, um ihm mehr Kraft zu verleihen.
THOR OPFERN WIR EINEN ZIEGENBOCK.
Bei Odin, dem Hauptgott der nordischen Mythologie, schreckte man auch nicht vor Menschenopfern zurück!
GENAU!
WEINE NICHT. SEI GEWISS, DEIN TOD WIRD DIE SCHRECKLICHE EPIDEMIE BEENDEN, DIE IN UNSEREN REIHEN SO VIELE TOTE FORDERT.
EINEN MOMENT, JUNGER MANN.
BEVOR SIE DAS MÄDCHEN UNNÖTIG OPFERN, EINE FRAGE: HABEN SIE MEINE SCHRIFTEN ZU DEN GRIECHISCHEN GÖTTERN GELESEN?
?
?
700 v. Chr. haben Autoren wie Homer und Hesiod die griechischen Mythen aufgeschrieben, die man bis dahin mündlich weitergegeben hatte.
SIE SOLLTEN UNBEDINGT EINEN BLICK DARAUF WERFEN.
ICH HABE ZU TUN.
LESEN SIE, DAS BRINGT SIE VIELLEICHT ZUM NACHDENKEN.
ENTROLL ENTROLL

Das Aufschreiben der Mythen ermöglichte eine Diskussion darüber.
MAN MUSS DAFÜR NICHT GEBILDET SEIN.
MEINEN SIE?
KLAR!
Von da an kritisierten die Menschen die ihnen ähnlichen und fehlbaren Götter, wodurch sie sich schrittweise von den Mythen distanzieren konnten.
ZACK
AUA!
BUM
Und so wurde Xenophanes 540 v. Chr. …
ALLES IN ORDNUNG?
NEIN!
WISSEN SIE, DASS DIE GÖTTER BEI DEN ÄTHIOPIERN KLEIN UND SCHWARZ SIND?
GÄBE ES NUR SCHON ME TOO!
UND BEI DEN THRAKERN HABEN SIE BLAUE AUGEN UND ROTE HAARE …
NA UND?
WIE DURCH ZUFALL HABEN ALLE MENSCHEN DIE GÖTTER NACH IHREM ABBILD ERSCHAFFEN!

MUH
KÖNNTEN RINDER ZEICHNEN, WÜRDEN SIE DIE GÖTTER ALS STIERE DARSTELLEN.
VIELLEICHT SOLLTE MAN SEIN DENKEN ÄNDERN ...
NA KLAR! DIE VIELEN GESCHICHTEN, MIT DENEN SIE SICH GEGENSEITIG ERKLÄREN, WARUM DER WINTER ZU KALT IST, SIND VIELLEICHT LEDIGLICH LEGENDEN.
ACH SO?
Sofie
undsen
So entstand etwa 500 v. Chr. in Griechenland die Philosophie und damit eine neue Art, die Welt zu denken.
ABER ...
WAS IST MIT MEINEM HAMMER?
Und tschüss! Du endest als Comicfigur und in Hollywood-Filmen.
ACH SO.
HÄTTEST DU NICHT WENIGSTENS NOCH EINEN WINZIGEN NAGEL FÜR MICH?
Nein.
ICH BIN WOHL AUS DER MODE GEKOMMEN!
OKAY, BYE BYE, IHR MYTHEN.
KNISTER

Das war der Moment, in dem die ersten Philosophen auf den Plan traten: die Naturphilosophen.
Sie versuchten, natürliche Phänomene ohne Zuhilfenahme von Mythen zu erklären.
ABER NEIN, WERTER HERAKLIT, KEINESWEGS!
MEIN LIEBER PARMENIDES, DASS ICH NICHT LACHE, SIE MIT IHREM EWIGEN RATIONALISMUS!
...
PLOP
POLTER POLTER
KRRR
BEDAURE, SOFIE. BEI MEINER RÜCKKEHR HATTE ICH EINEN WUTANFALL UND HABE LOSGEHÄMMERT.
KRRR
UND DANN?
RATSCH
TJA, EIN SCHLAG MIT DEM HAMMER UND ALLES WÄCHST!
AUCH PHILOSOPHEN!

RATSCH
KNACK
UUUUH!
?!?

DIE NATURPHILOSOPHEN
??
OOOH, MEIN VORNAME! PERFEKTE ORGANISATION.
KÖNNEN WIR WEITER-DISKUTIEREN?
Die 3 PHILOSOPHEN VON MILET
PARMENIDES
HERAKLIT
EMPEDOKLES
ANAXAGORAS
ICH WILL DIE PHILOSOPHIE AUS DIESER SACKGASSE HOLEN!
WAS HEIẞT HIER SACK-GASSE? NUR WEIL SICH KEINER VON EUCH DIE RICH-TIGEN FRAGEN STELLT.
grt
EMPEDOKLES
DIE RICHTIGEN FRAGEN?!
DER WIEDER! MIT SEINEM OLLEN PLUNDER!
He, ho! Ganz ruhig, ihr Naturphilosophen. Man versteht ja kein Wort!
HERAKLIT
EMPEDOKLES

NICHT GERADE PHILOSOPHISCHER GLEICHMUT ...
Um über ihre kleinen Streitigkeiten hinwegsehen zu können, musst du verstehen, was sie verbindet.
Alle Naturphilosophen interessieren sich zunächst für den Ursprung der Welt. Auch fragen sie sich, wieso es in der Natur so viele sichtbare Veränderungen gibt und sich wiederholende Phänomene.
WIR, DIE PHILOSOPHEN VON MILET, GEHEN DAVON AUS, DASS ALLES EINER EINZIGEN SACHE ENTSPRINGT.
1
ICH SAGE, ES IST WASSER.
ICH, DIE LUFT ODER DER NEBEL.
PFFF
WICHTIG IST, DASS EIN EINZIGER STOFF DIE GRUNDLAGE ALLER FORMEN IN DER NATUR IST.
1
Wenn aber ein Stoff die Grundlage für alles ist, wie kann er so viele verschiedene Formen annehmen?
NUN, ICH, PARMENIDES, DENKE, ES GIBT IN DER NATUR KEINE ECHTE VERWANDLUNG!
UNSERE SINNE EMPFINDEN ETWAS ALS VERÄNDERUNG, ABER MEINE VERNUNFT SAGT MIR DAS GEGENTEIL.
1
VERNUNFT
Sinne
PARMENIDES

WEIL UNSERE SINNE UNS VERRATEN! SIE VERMITTELN UNS EIN FALSCHES BILD VON DER WELT.
VERNUNFT
PARMENIDES
KEINESWEGS!!!
QUETSCH
IM GEGENTEIL ...
WIR MÜSSEN UNSEREN SINNEN VERTRAUEN!
Sinne
HERAKLIT
HINTER ALLEN VERWANDLUNGEN STECKT EINE EINHEIT.
DIESE EINHEIT NENNE ICH ...
GOTT
DER URSPRUNG VON ALLEM.
Parmenides' Vernunft sagt ihm, dass sich nichts wirklich ändern kann.
Aber Heraklits Sinne zeigen ihm, dass die Natur unablässig in Bewegung ist.
WEM SOLL MAN NUN GLAUBEN? DER VERNUNFT ODER DEN SINNEN?
?

ICH GLAUBE, DIE GANZE VERWIRRUNG RÜHRT VON DER AUSGANGSTHESE, WONACH EIN EINZIGER STOFF DER URSPRUNG ALLER FORMEN IST!
HERAKLIT
ACH SO?!
DIE NATUR STAMMT VON VIER STOFFEN AB, NICHT VON EINEM!
WASSER, FEUER, LUFT UND ERDE.
PARMENIDES
DIE VIER STOFFE WIEDERUM SIND UNVERÄNDERLICH. UM ABER DIE NATUR, DIE UNS UMGIBT, ZU ERSCHAFFEN, VERMISCHEN SIE SICH IN UNTERSCHIEDLICHEN VERHÄLTNISSEN, WAS SELTSAME FORMEN HERVORRUFT.
FORMEN, DIE SICH ENTWICKELN UND AM ENDE STERBEN KÖNNEN.
DIE NATURPHILOSOPHEN
WORAUFHIN JEDER STOFF WIEDER AUTONOM WIRD.
DENN AUCH WENN DIE VON DEN STOFFEN GEBILDETEN FORMEN VERÄNDERLICH SIND, SIE SELBST SIND ES NICHT.
GEWISS, WERTER PARMENIDES, GEWISS.
DIE 3 PHILOSOPHEN VON MILET
EMPEDOKLES
ANAXAGORAS

ICH, EMPEDOKLES, DENKE, DASS IHR UNS BISHER NICHT ERKLÄRT HABT, WIE SICH DIE VIER STOFFE VERBINDEN UND WIEDER TRENNEN.
DAFÜR SIND IN DER NATUR ZWEI KRÄFTE AM WERK: LIEBE UND HASS.
VON DER LIEBE WERDEN SIE VERBUNDEN.
VOM HASS WERDEN SIE GETRENNT.
LIEBE
HASS
ICH, ANAXAGORAS, GLAUBE, DASS DIE NATUR NOCH FEINER GEGLIEDERT IST.
ANAXAGORAS
DIE NATUR WIRD NÄMLICH VON WINZIGEN TEILCHEN GEFORMT, DIE FÜR DAS AUGE UNSICHTBAR SIND. UND IN JEDEM DIESER TEILCHEN ...
... STECKT ETWAS VON ALLEM!
SO ENTHÄLT JEDER TEIL VON MIR DETAILLIERTE INFORMATIONEN VON DER ZUSAMMENSETZUNG DER ANDEREN TEILE.
FOLGLICH IST DAS GANZE IN JEDEM TEIL PRÄSENT, SEI ES AUCH NOCH SO WINZIG!
EBENSO BIN ICH DAVON ÜBERZEUGT, SOFIE, DASS ALLE HIMMELSKÖRPER AUS DER GLEICHEN MATERIE BESTEHEN WIE DIE ERDE.
HUUiiiiiii
FRRRR

GLEICHE MATERIE...
HUUiiiiiiii.....
FRRRRRRR
HUUiiiii
FRRRRRRRRRRRRR
FSHHHH

HUUiiiiiiiiiiiiiii
KNIRSCH
KNIRSCH

IRRE, WAS FÜR GEDANKEN DIE SICH GEMACHT HABEN!
NIE WERD ICH MIR DAS MERKEN KÖNNEN ...
Das ist auch nicht so wichtig, Sofie.
Wichtig ist, dass du philosophisch denken lernst.

SAG MAL, MAMA, KENNST DU WEIBLICHE PHILOSOPHEN?
NA KLAR! HANNAH ARENDT, SIMONE WEIL, JUDITH BUTLER, MARTHA NUSSBAUM ...
SIND DAS GRIECHINNEN DER ANTIKE?
ABER NEIN, ÜBERHAUPT NICHT! DAS SIND FRAUEN AUS DEM 20. JAHRHUNDERT, VOLLER LEIDENSCHAFT!
GIBT ES VOR DEM 20. JAHRHUNDERT KEINE PHILOSOPHINNEN!?!
NICHT, DASS ICH WÜSSTE. FRÜHER FANDEN DIE MÄNNER, DASS FRAUEN NUR ZUM KINDERKRIEGEN TAUGEN UND FÜR DIE KÜCHE!
WIE SCHADE, DAS HÄTTE MIR GEFALLEN.
WAS?
ACH, NIX.
DANKE MAMA, DAS WAR SEHR LECKER.
MORGEN MACHE ICH UNS EINE TARTE!

!!!...
HMMM...
... MEIN PHILOSOPH SCHEINT ZU BEFÜRCHTEN, DASS ICH MICH ABENDS LANGWEILE.
„WARUM IST LEGO DAS GENIALSTE SPIELZEUG DER WELT?"
LEGO?!
SO EIN QUATSCH.
WAS HAT DAS MIT PHILOSOPHIE ZU TUN?

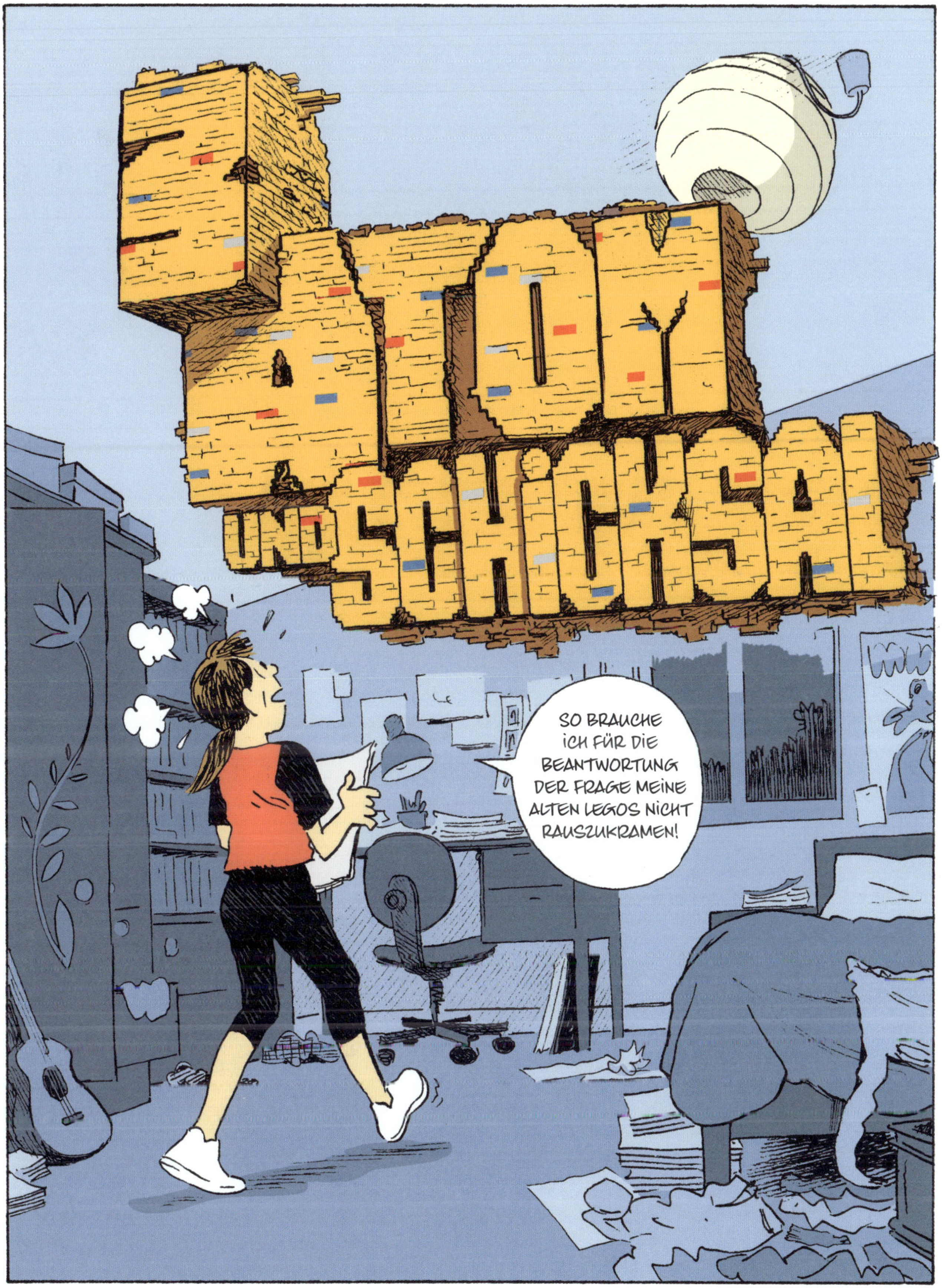
2
ATOM
UND SCHICKSAL
SO BRAUCHE ICH FÜR DIE BEANTWORTUNG DER FRAGE MEINE ALTEN LEGOS NICHT RAUSZUKRAMEN!

RITSCH
DAS IST ZWAR SCHICK ...
... ABER DIE NACHBARN SOLLTEN ES BESSER NICHT SEHEN, SONST STELLEN SIE SICH NUR UNNÖTIGE FRAGEN!
UND ICH FÜRCHTE, DAS WAR NOCH NICHT ALLES.
TAPP TAPP
GUTEN TAG, SOFIE.
UAAAA!

ICH BIN DEMOKRIT. PHILOSOPH, GEBOREN 460 V. CHR., GESTORBEN 370 V. CHR.
PUH!
GUTEN TAG, DEMOKRIT.
SIE SIND EIN PHILOSOPH MIT SINN FÜR ÜBERRASCHUNGEN!
PLUMPS
UND FINDEN SIE ES NICHT KOMISCH, SICH MIT DEM JAHR IHRER GEBURT UND IHRES TODES VORZUSTELLEN?
NICHT KOMISCHER, ALS AUS LEGOS ZU SEIN.
DA HABEN SIE RECHT!
ICH DENKE, DIESE ERSCHEINUNGSFORM SOLL MEINE ATOMTHEORIE UNTERSTREICHEN.
SIE SIND QUASI EINE ART ALLEGORIE.
EXAKT!
NUN JA, ICH STIMME MEINEN VORGÄNGERN ZU, WENN SIE SAGEN, NICHT ALLE IN DER NATUR BEOBACHTETEN VERÄNDERUNGEN SEIEN DIE FOLGE EINER REALEN VERWANDLUNG.
ICH DENKE ABER, DASS SICH ALLES AUS WINZIGEN BAUSTEINEN ZUSAMMENSETZT, DIE FÜR SICH GENOMMEN EWIG BESTEHEN!

FAST WIE ANAXAGORAS ALSO ...
JA, NUR BESSER!
KLACK
ICH GLAUBE, DASS DIE BAUSTEINE DER NATUR, DIE ICH ATOME NENNE, EWIG WÄHREN.
DENN NICHTS ENTSTEHT AUS DEM NICHTS!
UND JE NACHDEM, WIE SIE SICH VERBINDEN, KÖNNEN DIE ATOME UNENDLICH VIELE FORMEN ANNEHMEN.
KLACK KLACK KLACK KLACK KLACK KLACK KLACK KLACK KLACK KLACK KLACK
STIRBT EINE FORM, ZERSTREUEN SICH DIE ATOME.
UM SICH DANN WIEDER ZU NEUEN KÖRPERN ZUSAMMENZUFÜGEN!
KLACK KLACK KLACK KLACK KLACK KLACK KLACK KLACK

Sofie Amundsen
Heute kann man sagen, dass Demokrits Theorie ziemlich zutreffend war. Die Natur besteht tatsächlich aus Atomen, die sich verbinden und wieder lösen.
Ein Wasserstoffatom in einer Zelle deiner Haarspitze hat möglicherweise einmal zum Maul einer Giraffe gehört.
SORRY, ICH WILL ES MIR NUR ZURÜCKHOLEN.
MMPF
Seither hat die Wissenschaft lediglich ergänzt, dass sich Atome in noch kleinere Elementarteilchen aufspalten können: Protonen, Neutronen und Elektronen.
UND ICH HABE DIESE GEDANKEN ENTWICKELT, OBWOHL ICH KEINERLEI ZUGANG ZU ELEKTRONISCHEN GERÄTEN HATTE!
NUR MIT IHREM VERSTAND.

EBENSO DENKE ICH, DASS ES KEINE GOTTHEIT GIBT, KEINEN „GEIST", DER DIE NATURPHÄNOMENE ERKLÄRT.
WOLLEN SIE DAMIT SAGEN, DASS DIE ATOME NICHT GESTEUERT WERDEN?
GENAU, ALLES IST REINE MECHANIK!
UND WAS WIRD AUS DER SEELE? DEM TEIL ALSO, DER MICH ZU DER PERSON MACHT, DIE ICH BIN?
STIRBT EIN MENSCH, FLIEGEN SEINE ATOME IN ALLE RICHTUNGEN DAVON UND KÖNNEN SICH ZU EINER NEUEN SEELE VERBINDEN.
AHA, FÜR SIE GIBT ES ALSO KEINE UNSTERBLICHE SEELE UND KEINE GELENKTE EVOLUTION.
NEIN, ICH BIN MATERIALIST.
KLACK
KLACK
KLACK
KLACK
KLACK
KLACK
HM.
FÜR DEMOKRIT SIND WIR ALSO NUR EIN HAUFEN ATOME, UND NACH DEM TOD FOLGT DAS NICHTS.
TOLL!
KLACK
KLACK
KLACK
KLACK
KLACK
KLACK
KLACK

WAS FÜR EIN SCHICKSAL, MAN STIRBT UND DAS WAR'S DANN. DAS ZIEHT EINEN ECHT RUNTER.
Glaubst du ans Schicksal, Sofie?
TJA, MANCHMAL LESE ICH MEIN HOROSKOP, ABER NUR SO ZUM SPAß.
ICH GLAUBE EIGENTLICH, DIE STERNE HABEN BESSERES ZU TUN, ALS SICH FÜR EIN MÄDCHEN WIE MICH ZU INTERESSIEREN!
ICH GEHÖRE EHER ZU DENEN, DIE GLAUBEN, DASS MAN SEIN SCHICKSAL IN DIE HAND NEHMEN KANN.
DIESER PHILOSOPH, DER MIR PER POST HERUMFLIEGENDE BUCHSTABEN SCHICKT ...
... UND PERSÖNLICHKEITEN, DIE DEN UMSCHLÄGEN ENTSTEIGEN ...
ROLL ROLL ROLL
ICH WÜSSTE NUR ZU GERN, WER ER IST!

TICK
TACK
TICK
TACK
UAAH...
TJA ...
DAS KANN NOCH STUNDEN DAUERN.
HM!
Lieber Philosoph,
vielen Dank für das großzügige Angebot eines Philosphiekurses per Brief. Ich lerne ganz viel und freue mich auf die Fortsetzung. Aber ich bedaure es sehr, nicht zu wissen, wer Sie sind. Ich würde Sie sehr gern kennenlernen!
Ihre Schülerin
Sofie Amundsen
Sofie Amundsen

Für den geheimnisvollen Philosophen
MIST.
!?!
Liebe Sofie,
vielen Dank für dein Interesse an meiner Person, aber du solltest mir auf keinen Fall hinterherspionieren. Du wirst mich kennenlernen, wenn der Moment dafür gekommen ist.
Dein Philosoph
Sofie
WIE KANN ER DENN AUF EINEN BRIEF ANTWORTEN, DEN ER NOCH GAR NICHT ERHALTEN HAT?
DAS IST KEIN PHILOSOPH, DAS IST EIN ZAUBERER.

GUT. DANN SCHAUEN WIR DOCH MAL NACH.
GRRRR
FESTGE-KLEMMT!
RATSCH
?
Die
Die Griechen glaubten an das Schicksal.

An das Schicksal zu glauben heißt, alles für vorbestimmt zu halten. Die meisten Griechen gingen sogar davon aus, die Menschen könnten Kenntnis über ihr Schicksal erlangen. Mithilfe von Orakeln.
ZISCH
?
ZISCH
ERKENNE DICH SELBST
WIE TOLL!

DIE PYTHIA HAT GESPROCHEN. WILLST DU DAS FÜR DICH ERGANGENE ORAKEL WISSEN?
ÄH – JA.
DU WIRST EIN SELTSAMES, ABER WUNDERBARES LEBEN HABEN, SOFIE. EWIG UND NICHT GREIFBAR. GANZ ANDERS ALS DIE GEWÖHNLICHEN STERBLICHEN. SEI NICHT TRAURIG, DU ZU SEIN, DENN DU WIRST FÜR IMMER IN ERINNERUNG BLEIBEN ...
PUFF
MOMENT!
WARTEN SIE!
ICH HAB NOCH FRAGEN!!

UND VERGISS NICHT DAS ALLERWICHTIGSTE, SOFIE ...
ERKENNE DICH SELBST. DANN ERHÄLTST DU ANTWORT AUF DEINE FRAGEN.
ERKENNE DICH
„ERKENNE DICH SELBST", DASS ICH NICHT LACHE.
WARUM KOMMEN SIE BLOß IMMER WIEDER DAMIT AN?

Die Griechen glaubten, das Schicksal würde nicht nur das Leben eines jeden Menschen bestimmen, sondern auch den Lauf der Welt. Demnach könnte der Ausgang eines Krieges von den Göttern entschieden werden, dieselben Götter würden den Menschen Krankheiten schicken. Im 5. Jahrhundert v. Chr. allerdings ...
Sofie Amundsen
Sofie Amundsen

MIT DEM SATZ, EIN VERLORENER KRIEG SEI NICHT GÖTTLICHER RACHE ZUZUSCHREIBEN, HABE ICH DEN BLICK AUF DIE GESCHICHTE VERÄNDERT. ICH BIN SOZUSAGEN ...
... DER VATER DER GESCHICHTSSCHREIBUNG.
Herodot, geboren 480 und gestorben 425 v. Chr.
OKAY, HERODOT = VATER DER GESCHICHTSSCHREIBUNG!
Sofie Amundsen
FÜR MICH HABEN KRANKHEIT UND GESUNDHEIT EINE NATÜRLICHE ERKLÄRUNG. KRANKHEIT IST EINEM KÖRPERLICHEN ODER GEISTIGEN UNGLEICHGEWICHT GESCHULDET. GESUNDHEIT BEDARF DER HARMONIE.
Hippokrates, geboren 460 und gestorben 377 v. Chr.
IST DAS ALLES?
Er ist auch heute noch eine wichtige Figur, denn Ärzte berufen sich nach wie vor auf sein Gelöbnis: den hippokratischen Eid. So dürfen sie gesunden Menschen keine Medikamente verschreiben und unterliegen der ärztlichen Schweigepflicht.

OKAY
ICH FRAGE MICH ABER VOR ALLEM, WAS DIE PYTHIA DAMIT SAGEN WOLLTE, DASS ICH FÜR IMMER IN ERINNERUNG BLEIBEN WÜRDE UND NICHT GREIFBAR SEI!
ICH SELBST FINDE MICH SEHR GREIFBAR.
TJA ...
PHILOSOPHIE MACHT MÜDE!
PUH ...
SO VIELE FRAGEN ZU ... ZU ...
UFF!
ZZ
Z

z
Sofie
Sofie

?
!
WARUM BIN ICH GENAU IN DEM MOMENT EINGESCHLAFEN, ALS ER KAM?
WIRKT WIE GEWOLLT!

RAHHR!
ICH WILL NICHT, DASS MEIN SCHICKSAL DARIN BESTEHT, PASSIV AUF EINEN PHILOSO-PHIEKURS ZU WARTEN.
RITSCH
IRGENDWANN MUSS MAN DIE DINGE IN DIE HAND NEHMEN!
LOS!
Sofie
MAL SCHAUEN, WO ICH LANDE.
KNISTER
Sofie
FLATTER

4.
Athen
und
Sokrates

OH!
GLEICH ERFAHRE ICH, WO ICH BIN.
Genau, Sofie, darf ich vorstellen: die Akropolis.
Akropolis bedeutet „Oberstadt". Die Anlage wurde auf einem Hügel errichtet, weil es so leichter war, sie gegen den Feind zu verteidigen.
Mit der Zeit entwickelt sich Athen unterhalb des Plateaus. Die Akropolis dient als Festung und Kultstätte.
Und hier ist der größte Tempel der Akropolis: der Parthenon! Der Parthenon oder auch das „Jungfrauengemach".
Er wurde zu Ehren von Athene erbaut, der Schutzgöttin Athens, von der du diese schöne Statue bewundern kannst.

Du siehst, in dem großen Marmorgebäude gibt es nicht eine gerade Linie. Die vier Seiten sind leicht gebogen, was dem Bauwerk Leben verleiht.
Die Folge ist auch eine optische Täuschung, sodass das Bauwerk trotz seiner Ausmaße nicht zu wuchtig wirkt.
Und hier ist das Dionysostheater, vermutlich das älteste Theater Europas.
Gerade spielen sie „König Ödipus" von Sophokles.
Die Schauspieler bewegen sich auf dem Proskenion, dahinter ist die Skene, die ihnen als Garderobe dient.
Maske
DENN ER ZIEHT, AUS EINEM SEH'NDEN BLIND, AUS EINEM REICHEN ARM GEWORDEN, MIT DEM STAB VORAUS DIE WEGE TASTEND, FORT IN FREMDES LAND.
Kothurn
bunte Toga

Der Chor. Er besteht aus fünfzehn Sängern und wird von der Koryphäe dirigiert.
DRUM DER ERDENSÖHNE KEINEN, WELCHER NOCH ENTGEGENSCHAUT JENEM TAG, DER TAGE LETZTEM, PREISET GLÜCKLICH FÜRDERHIN, EH ER, FREI VON LEID UND DRANGSAL, SEINES DASEINS ZIEL ERREICHT.
Und das ist der Areopag. Auf diesem Felsen verkündete das oberste Gericht Athens seine Urteilssprüche.
Und jetzt fliegen wir noch über die Agora, den Marktplatz. Dieser unscheinbare Ort ist die Wiege der europäischen Zivilisation!

Wörter wie Politik, Ökonomie, historisch, Philosophie, Ethik stammen von einem kleinen Volk, dessen Alltagsleben sich auf diesen Platz konzentrierte.
NATÜRLICHE SCHAM SAGT REIN GAR NICHTS AUS!
NATÜRLICH HIEßE ANGE-BOREN.
DOCH WER EIN WENIG GEREIST IST, SIEHT, DASS SCHAM UND SCHAMLOSIGKEIT MIT DEN GEPFLOGENHEITEN EINER GESELLSCHAFT ZUSAMMEN-HÄNGEN.
IN MANCHEN LANDSTRICHEN IST ES VÖLLIG NORMAL, NACKT HERUMZULAUFEN, OHNE SCHAM ZU EMPFINDEN!
Der ist Sophist. Ein umherziehender Denker, der die Kunst der öffentlichen Rede lehrt, um sich damit seine Brötchen zu verdienen. Ein Kommunikations-berater quasi …
OHOOOOOOOOOOOOO
NACKT!?! OH, OH!
!?!
RITSCH

OJE!
PLUMPS
Wie du siehst, Sofie, die Sophisten ...
ICH SEHE GERADE GAR NICHTS!
PUH ...
ALLES KLAR, NUR HER MIT DEN KOMMENTAREN ...
Die Sophisten haben die Mythologie kritisiert.
Aber im Unterschied zu den Naturphilosophen waren sie Anhänger des Relativismus. Sie hielten unsere Vorstellung von der Natur oder der Justiz für veränderbar.
Weil Vorstellungen von unserem Empfinden abhingen und je nach Ort, Moment oder Person variierten. Für sie war nicht wichtig, ob eine Aussage stimmte, sondern ob sie nützlich war für denjenigen, der sie verteidigte, und ob sie denen gefiel, die sie hörten.

Unter ihrem Einfluss nimmt die Philosophie ab 450 v. Chr. eine neue Wendung.
MECKER! MECKER!
PUH!
DIESE SOPHISTEN ...
... AKZEPTIEREN GELD, UM IHRE DEBATTEN ANZUHEIZEN, UND SIND SO ÜBERZEUGT VON IHREM WISSEN ...
nackt
Gepflogenheit
schamlos
WEG MIT ALL DEM DUMMEN ZEUG!
PSCHT
PSCHT
SOLLTE MAN SICH NICHT LIEBER FÜR DEN MENSCHEN UND SEINEN PLATZ IN DER WELT INTERESSIEREN?!
WAS DENKST DU DARÜBER?
ÜBER DEN MENSCHEN UND SEINEN PLATZ HIER.
ICH? ÄH ...
KEINE AHNUNG.
TJA!
KEIN SCHLECHTER ANFANG ...
DENN DENKST DU NICHT, DASS AM INTELLIGENTESTEN IST, WER WEIß, DASS ER NICHTS WEIß?

ÄH ...
JA, DAS IST DOCH SCHON WAS. ZU WISSEN, DASS MAN NICHT ALLES WEIß.
IM 21. JAHRHUNDERT – ICH MEINE – DORT, WO ICH HERKOMME, HABEN WIR GERADE EINE SCHRECKLICHE PANDEMIE ERLEBT.
UND WEIL ALLE ANGST HATTEN, HABEN ALLE IHREN SENF DAZUGEGEBEN, OHNE EXPERTE ODER TATSÄCHLICH INFORMIERT ZU SEIN ...
ULTRAKREPIDARIER!
ALSO MENSCHEN, DIE SICH AUßERHALB IHRER KOMPETENZ ZU ETWAS ÄUßERN.
GENAU! ICH DENKE EIGENTLICH, MAN SOLLTE SICH NUR ZU DEM ÄUßERN, WORIN MAN SICH WIRKLICH AUSKENNT. WENN ALLES GLEICHWERTIG NEBENEINANDERSTEHT, WIRD DAS DENKEN ERSCHWERT ...
NICHT ALLE AUSSAGEN SIND GLEICH VIEL WERT. ES KOMMT DRAUF AN, WIE KOMPETENT DERJENIGE IST, DER SIE VON SICH GIBT ...
MEINST DU?
...
KEINE AHNUNG, ES KOMMT MIR SO VOR ...
... NEIN?
MAN KANN SICH GUT VORSTELLEN, DASS DIE UNWISSENDEN MEHR AUF IHRE KOMPETENZ VERTRAUEN ALS DIE KOMPETENTEN, DIE DIE GRENZEN IHRES WISSENS KENNEN.

ENTSPRECHEND VERTRETEN DIE UNWISSENDEN DAS BISSCHEN, WAS SIE WISSEN, MIT NACHDRUCK. WAS SAGST DU DAZU?
JA, DAS STIMMT.
SO VERMISCHEN SICH DIE DURCHDACHTEN UND DIE WENIGER DURCHDACHTEN ANSICHTEN! DIE LEUTE HÖREN ALLES UND WISSEN NICHT, WEM SIE VERTRAUEN KÖNNEN …
WAS, DENKST DU, IST DIE LÖSUNG?
ICH HAB IRGENDWIE DEN EINDRUCK, DASS FAKTEN UND MEINUNGEN OFT DURCHEINANDERGEHEN. STATT DIE KOMPLEXITÄT DER FAKTEN VERSTEHEN ZU WOLLEN, HABEN DIE LEUTE SCHON EINE VORGEFERTIGTE MEINUNG.
WAS VERSTEHST DU DENN UNTER „FAKTEN"?
EIN FAKT IST EINE BEWIESENE REALITÄT.
ZUERST MUSS MAN SICH ÜBER DIE FAKTEN EINIG WERDEN, DANN KANN MAN ANFANGEN, ÜBER DIE REAKTION DARAUF ZU SPRECHEN.
UND HIER DARF JEDER SEINE EIGENE MEINUNG HABEN.
AHA. UND DANN?
WENN MAN ABER FAKTEN WIE EINE MEINUNG UNTER VIELEN BEHANDELT, KANN MAN NICHT MEHR DISKUTIEREN!
IN MEINER ZEIT IST DIE KLIMAERWÄRMUNG ZUM BEISPIEL FAKT. UND ZWAR EIN SEHR GEFÄHRLICHER FÜR DIE MENSCHHEIT.

MAN KANN MIT BLICK AUF DIE REAKTION DARAUF VERSCHIEDENER ANSICHT SEIN, ABER ZU SAGEN, ETWAS EXISTIERT NICHT ODER SEI NICHT SCHLIMM, IST OBJEKTIV FALSCH!
ICH WEIß NICHT, WO DU HERKOMMST, ABER DEINE FRAGEN SIND HOCHINTERESSANT.
WIE MEIN LEHRER BEI IHREN GEDANKEN GEBURTSHILFE BETREIBT!
WUNDERVOLL, ODER?
FÜR IHN KOMMT WAHRES WISSEN VON INNEN. UND ALLE, OB MANN ODER FRAU, HABEN ZUGANG ZU PHILOSOPHISCHEN WAHRHEITEN.
EIN HERRLICHES BEISPIEL DER MÄEUTIK!
DER WAS?
DES SOKRATISCHEN DIALOGS. KÖNNEN SIE DAS GESAGTE FÜR MICH WIEDERHOLEN? ZUM MITSCHREIBEN.
WER SIND SIE?
PLATON, SCHÜLER DES SOKRATES.
ACH, DANN IST ER DER BERÜHMTE ...
RUMS
?!!
SOKRATES
*470 V. CHR
†399 V. CHR

ALLE ACHTUNG!
WOW!
BUCHSTABEN AUS STEIN.
SOKRATES IST SCHLIEßLICH DER VATER DER PHILOSOPHIE.
KLOPF KLOPF
BEDENKE STETS, DASS ALLES VERGÄNGLICH IST. DANN WIRST DU IM GLÜCK NICHT ZU FRÖHLICH UND IM LEID NICHT ZU TRAURIG SEIN.
ES IST SCHLIMMER, UNRECHT ZU TUN, ALS UNRECHT ZU ERLEIDEN.
DER BESTE WEG, EHRENVOLL IN DIESER WELT ZU LEBEN, IST, DAS ZU SEIN, WAS WIR VORGEBEN ZU SEIN.
SIEH NUR!
MUßE IST DER SCHÖNSTE BESITZ VON ALLEN.
DER MENSCH BRAUCHT EINEN GOTT. FINDET ER IHN NICHT IM HIMMEL, ERSCHAFFT ER IHN SICH AUF ERDEN.

MEIN LEHRER HAT SEHR KLUGE GEDANKEN, ODER?
JA, BEEINDRUCKEND.
WAS AN SOKRATES FASZINIEREND IST: ER INTERESSIERT SICH MEHR FÜR DEN MENSCHEN UND DAS MENSCHLICHE LEBEN ALS FÜR NATURPHÄNOMENE.
UND TROTZDEM HÄLT ER SICH SELBST NICHT FÜR GEBILDET UND WEISE. UND IM GEGENSATZ ZU DEN SOPHISTEN WEIGERT ER SICH, GELD FÜR SEINE UNTERWEISUNG ZU NEHMEN.
FÜR IHN IST EIN PHILOSOPH JEMAND, DEM BEWUSST IST, DASS ER NUR WENIG WEIß, DER ABER DARUNTER LEIDET UND NACH WEISHEIT STREBT.
ABER WIE DENN?
?
MEINEM LEHRER IST ES WICHTIG, UNSER WISSEN AUF EINE SOLIDE BASIS ZU STELLEN!
SO SOLIDE WIE DIESE BUCHSTABEN!
TAPP TAPP

UFF!
UND DIESE BASIS SITZT IN DER MENSCHLICHEN VERNUNFT.
DARUM GILT SOKRATES ALS RATIONALIST.
ER BEHAUPTET, EINE GÖTTLICHE STIMME ZU HÖREN, DIE IHM SAGT, WAS RICHTIG IST.
„WER WEIß, WAS RICHTIG IST, WIRD AUCH DAS RICHTIGE TUN." DARUM DENKT ER, ES LIEGT AN UNSEREM NICHTWISSEN, WENN WIR MANCHMAL DAS FALSCHE TUN.
UND DESHALB SOLLTE MAN DAS EIGENE WISSEN VERVOLLKOMMNEN, AUCH WENN MAN WEIß, DASS MAN NIE ALLES WISSEN WIRD.
DAS SCHÖNE IST: ER GLAUBT, DIE FÄHIGKEIT, DAS GUTE VOM BÖSEN ZU UNTERSCHEIDEN, SITZT IN DER MENSCHLICHEN VERNUNFT …
… NICHT IN DER GESELLSCHAFT.
?
!!!

SOKRATES?
WAS WOLLT IHR?
EUCH VERHAFTEN! EUER PROZESS BEGINNT.

VIELE BÜRGER HABEN SICH BESCHWERT, BEI EUREN BERÜHMTEN DEBATTEN AUF DEM PLATZ DER REPUBLIK VON EUCH LÄCHERLICH GEMACHT WORDEN ZU SEIN.
?
ICH HABE LEDIGLICH DIE SCHWÄCHE MANCH EINES GEDANKENGANGS HERAUS-GESTELLT.
IHR HABT DAGEGEN PROTESTIERT, MENSCHEN ZUM TODE ZU VERURTEILEN.
IHR HABT EUCH GEWEIGERT, DIE NAMEN POLI-TISCHER GEGNER PREISZUGEBEN!
SOKRATES, WIR BESCHULDIGEN EUCH, DIE JUGEND ZU VERDERBEN, INDEM IHR ALLENTHALBEN MIT IHR DISKUTIERT!
WIR BESCHULDIGEN EUCH, DIE HIESIGEN GÖTTER ZU LEUGNEN UND NEUE GOTTHEITEN EINZUFÜHREN!

Schließlich wurde Sokrates von einer knappen Mehrheit zum Tode verurteilt. Er hätte um Gnade ersuchen können, hat aber darauf verzichtet.
WARUM?
ICH STELLE MEIN GEWISSEN UND DIE WAHRHEIT ÜBER MEIN LEBEN!
SCHLUCK
Schierling
ABER WARUM WURDE ER VERURTEILT? DAS VERSTEHE ICH NICHT.
Menschen, die Fragen stellen, gelten als besonders gefährlich, Sofie.
AA

Sokrates' Schüler haben ihn zu seiner letzten Ruhestätte geleitet.
IST DAS TRAURIG.
Aber zum Glück blieben uns seine Gedanken erhalten, sie hätten ja auch verschwinden können.
ECHT?
Sokrates hat nichts Schriftliches hinterlassen. Hätte sein Schüler Platon ihre philosophischen Gespräche nicht aufgeschrieben, wäre alles weg.
MAN KENNT SOKRATES' GEDANKEN ALSO NICHT WIRKLICH?
Bekannt ist nur, was Platon ihn in ihren „Dialogen" sagen lässt.
„ICH KANN NIEMANDEM ETWAS LEHREN, ICH KANN SIE NUR ZUM DENKEN BRINGEN."
SOKRATES

WIE BEI MEINEM PAPA …
ICH KENNE IHN VIEL BESSER DURCH DAS, WAS MAMA MIR ERZÄHLT HAT, ALS DURCH MEINE ERINNERUNGEN.
DAS IST DOCH SCHADE, PAPA!
WO DU JETZT AUF DER ANDEREN SEITE BIST …
… WEIẞT DU, OB DIE SEELE UNSTERBLICH IST?
WAS?
GRR! ICH VERSTEHE EINFACH NIE, WAS DU MIR SAGST!!

WAS …
???
PAPA?
…
WAS IST VON MEINEM PAPA GEBLIEBEN, VON SEINEN GEDANKEN, DIE NIEMAND AUFGESCHRIEBEN HAT?
WELCHER IHRER DIALOGE BRINGT MICH DAZU, DARÜBER NACHZUDENKEN, SOKRATES?
GEN."
SOKRATES
VIELLEICHT VERHELFEN SIE MIR ZU DER ERKENNTNIS, DASS MICH DIE SEHNSUCHT NACH IHM ZUM DENKEN ANREGT UND ICH SIE MIR BEWAHREN MUSS.
DASS DIE ABWESENHEIT MEINES VATERS MEINE AUTONOMIE STÄRKT.

NICHT ÜBEL, ODER?
LANGSAM WIRD DAS WAS MIT MIR UND DER PHILOSOPHIE …

WO WOLLEN SIE HIN?
ZUM GARTEN DES AKADEMOS.
DORT WERDEN WIR DEBATTIEREN UND VON UNSEREM LEHRER PLATON LERNEN.
DEBATTIEREN IST WICHTIG, MAN SOLLTE SEINEN GEDANKEN NICHT BLIND VERTRAUEN.
DU HAST RECHT, ARISTOTELES. ABER ZUERST VERSUCHEN WIR ZU VERSTEHEN, WAS ER UNS BEIBRINGEN WILL.
Folge ihnen, Sophie! Sie sind auf dem Weg zur Platonischen Akademie, etwas außerhalb von Athen.
AKADEMIE? WIE IN VAMPIRE ACADEMY?
Ja! Von Platon gegründet, benannt nach dem griechischen Helden Akademos.

FÜR DICH IST DIE SEELE ALSO UNSTERBLICH?
JA!
ICH TENDIERE EHER ZU DEMOKRITS VORSTELLUNG VON WINZIGEN UNZERSTÖRBAREN ATOMEN, DIE IHRERSEITS EWIG SIND!
ER BLEIBT UNS ABER DIE ERKLÄRUNG SCHULDIG, WIE DIESE WINZIGEN TEILCHEN NACH DEM TOD WEITERZIEHEN.
SOPHISTEN?!
ABER MEIN FREUND, DIE SOPHISTEN HIELTEN DIE VORSTELLUNG VON GUT UND BÖSE FÜR RELATIV.
UNSER LEHRER VERMITTELT UNS DAGEGEN, DASS FÜR GUT UND BÖSE EWIGE GESETZE GELTEN!
UNSER PHILOSOPHISCHES PROJEKT IST UMFASSENDER!
WIR INTERESSIEREN UNS FÜR DAS UNVERÄNDERLICHE IN DER NATUR, ABER AUCH IN DER MORAL UND IM SOZIALLEBEN.
ZUR VORBEREITUNG KÖNNTEN WIR DIE VON UNSEREM LEHRER AUFGESCHRIEBENEN DIALOGE LESEN. SEINE VERNUNFT WIRD UNS ERLEUCHTEN ...
...
WER IST DAS?

5
PLATON
*428 v. Chr.
†348 v. Chr.
?!
QUAK

NA KLAR, PLATON! SOKRATES' JUNGER SCHÜLER, MIT DEM ICH GESPROCHEN HABE.
ER IST GANZ SCHÖN GEALTERT!
OH JA, SOFIE. WIE ALLES IN DER SINNENWELT VERÄNDERT SICH AUCH MEIN KÖRPER.
ICH ALTERE WIE DIESER EFEU, DER ZWAR IM HERBST NICHT VERWELKT, ABER BALD NICHT MEHR IST.
WEIßT DU, DASS MANCHES TATSÄCHLICH UNWANDELBAR IST?
ERZÄHLEN SIE MEHR, ICH BIN NEUGIERG.
ICH DENKE, ES GIBT ZWEI FORMEN DER WIRKLICHKEIT. EINE SINNLICH WAHRNEHMBARE UND EINE SICH DEM DENKEN ERSCHLIEßENDE WELT.
DEMNACH GIBT ES EINE MATERIELLE, SINNLICH ERFAHRBARE WELT ...
Sinnenwelt

… UND EINE IMMATERIELLE WELT, DIE NUR DER VERNUNFT ZUGÄNGLICH IST.
I D E E N W E L T
WIE DU SIEHST, SIND WIR VON ZAHLREICHEN BÄUMEN UND VERSCHIEDENEN BLUMEN UMGEBEN.
AUCH DIESE PFERDE SIND ALLESAMT VERSCHIEDEN, DOCH TROTZ DER UNTERSCHIEDE ERKENNEN WIR DIE FÜR PFERDE TYPISCHEN EIGENSCHAFTEN.
DAS STIMMT. WIE KOMMT DAS?
ALLE DIESE PFERDE AHMEN – WENN AUCH UNVOLLKOMMEN – DIE IDEE EINES PFERDES NACH!
ICH GLAUBE, DAS PERFEKTE MODELL EINES PFERDES EXISTIERT DURCHAUS, NUR IN EINER ANDEREN WELT JENSEITS VON UNSERER: DER IDEENWELT.
HHH

ALLE DINGE, DIE WIR HIER IN DIESER WELT SEHEN, DIE UNSERE SINNE WAHRNEHMEN, AHMEN DIESE IDEEN LEDIGLICH UNVOLLKOMMEN NACH, SIE „INKARNIEREN" DIE IDEEN IN MATERIELLER, ABER UNVOLLKOMMENER FORM.
WENN ICH DAS RICHTIG VERSTEHE …
… IST DIESE TERRAKOTTA-AMPHORE ALSO NUR EINE UNVOLLKOMMENE KOPIE DER PERFEKTEN AMPHORE, DIE ES IN DER IDEENWELT GIBT.
GENAU!
AUCH DIE STADT ATHEN IST NUR EINE UNVOLLKOMMENE KOPIE DER IDEALEN STADT.
WIE WILL MAN DANN EIN PFERD IDENTIFIZIEREN, WO DOCH ALLE PFERDE UNTERSCHIEDLICH SIND, WIRST DU EINWENDEN.
NA JA. ICH WENDE GAR NICHTS EIN, ABER DAS IST EINE GUTE FRAGE.
DAS LIEGT DARAN, DASS UNSERE SEELE VOR IHRER INKARNATION IN DER SINNENWELT IN DER IDEENWELT GELEBT HAT.
WENN UNSERE SEELE IN EINEM KÖRPER GESTALT ANNIMMT, VERGISST SIE DIE URSPRUNGSIDEE DES PFERDES, HAT ABER NOCH EINE VAGE ERINNERUNG DARAN.
DA SIE SICH AN DAS IDEALE PFERD ERINNERT, KANN SIE ES IN DEN UNVOLLKOMMENEN NACHAHMUNGEN ERKENNEN.

KOMM, ICH ZEIG DIR WAS.
UM DIESE IDEEN ZU VERANSCHAULICHEN, HABE ICH MIR EINE ALLEGORIE AUSGEDACHT.
DIE EINEN GEDANKEN DURCH EIN BILD ERKLÄRT.
BRAVO! BESSER HÄTTE ICH ES NICHT SAGEN KÖNNEN!
WIE GUT, DASS ICH DIE VERSCHIEDENEN STILFIGUREN GELERNT HABE, DAS IMPONIERT ALLEN ENORM!
PUH!
ICH WUSSTE GAR NICHT, DASS DIE PHILOSOPHIE SO EINE SPORTLICHE ANGELEGENHEIT IST!

STELL DIR VOR, ALLE MENSCHEN LEBEN IN EINER HÖHLE.
DIESES FEUER WIRFT ZITTERNDE SCHATTEN AN DIE HÖHLENWAND.
MENSCHEN GEHEN DARAN VORBEI UND HALTEN VERSCHIEDENE FORMEN IN DIE HÖHE.
DIE MENSCHEN SITZEN MIT GEFESSELTEN FÜßEN DA UND WENDEN DEM FEUER DEN RÜCKEN ZU, DAHER SEHEN SIE BLOß DIE WAND VOR SICH.

UND SO HALTEN DIE MENSCHEN DIE SCHATTEN, DIE SIE SEHEN, FÜR DIE WIRKLICHKEIT, DABEI IST ALLES NUR EIN SCHATTENSPIEL.
IN MEINER ALLEGORIE GELINGT ES DEM PHILOSOPHEN, SICH DANK SEINES WISSENS AUS DER HÖHLENWELT ZU BEFREIEN.
ER WEIß UM DIE EXISTENZ DER IDEENWELT!

FOLGLICH VERSUCHT ER, DIE BEWOHNER DAVON ZU ÜBERZEUGEN, DASS SIE NUR EIN BLASSES ABBILD DER IDEEN SEHEN.
ABER NIEMAND GLAUBT IHM, AM ENDE BRINGEN IHN DIE HÖHLENBEWOHNER UM!
WIE IHREN LEHRER SOKRATES.
WIR PHILOSOPHEN BRAUCHEN ALSO MUT, DENN WIR HABEN DIE AUFGABE, DEN MENSCHEN DIE EXISTENZ EINER IDEALEN WELT NAHEZUBRINGEN, DAMIT SIE SIE KENNENLERNEN WOLLEN.
SOKRATES
DAHER IHRE AKADEMIEN.
NICHTS IN DER SINNENWELT IST VON DAUER.
PFFF
MAN KANN UNMÖGLICH EXAKTES WISSEN ÜBER ETWAS ERLANGEN, DAS SICH PERMANENT VERÄNDERT.
UNSERE WAHRNEHMUNGEN GESTATTEN UNS LEDIGLICH VAGE DEUTUNGEN.
IN DER IDEENWELT HINGEGEN KANN UNSERE VERNUNFT UNS ZUGANG ZU WAHREM WISSEN GEWÄHREN.
EIN PHILOSOPH MUSS SICH VON DER SINNENWELT LÖSEN UND SEINE SEELE ZUR IDEENWELT STEUERN, BIS ER EINE IDEE VON DEM GUTEN HAT.

WEISHEIT HEIßT, DAS GUTE ZU STUDIEREN.
WOLLEN WIR WEITER?
JA.
ABER ZUERST BRAUCHE ICH EIN BISSCHEN ZEIT, UM DIESE GANZEN IDEEN ZU VERDAUEN.
BRAVO, SOFIE. EINE GUTE VERKNÜPFUNG DER SINNENWELT MIT DER IDEENWELT.
Das Höhlengleichnis, das Platon dir gerade erzählt hat, findet man in einem seiner Dialoge: „Der Staat".
Darin zeichnet er auch ein Porträt des „idealen", utopischen Staates.
EINES STAATES? DAS HEIßT?
Er spricht davon, wie die Institutionen und Gesetze eines Landes beschaffen sein sollten.

Platon befürwortet eine Republik, die von Philosophen regiert wird.
ACH JA? WIE UNEIGENNÜTZIG!
Er beruft sich dabei auf die menschliche Seele, die in seinen Augen aus drei Teilen besteht.
UAH!
ICH WILL, DASS DAS SOFORT AUFHÖRT!!
Es soll das Gesagte veranschaulichen.
Der Kopf ist der Sitz der Vernunft, er strebt nach Weisheit.
Der Unterleib ist der Sitz des Begehrens, er sollte nach Mäßigung streben.
Das Herz ist der Sitz des Willens, seine Stärke ist der Mut.
TAPP TAPP TAPP
ERST WENN SICH ALLE DREI TEILE ZU EINER EINHEIT FÜGEN, IST DER MENSCH GUT. DAS ERFORDERT ABER, DASS DIE VERNUNFT ÜBER DAS HERZ UND DIE BEDÜRFNISSE REGIERT, DAMIT SIE MIT DER KOSMISCHEN ORDNUNG IM EINKLANG SIND.
ICH WILL SOFORT WIEDER RICHTIG ZUSAMMENGESETZT WERDEN!
AH!
SWITCH
IN DER SCHULE MÜSSEN DIE KINDER ZUERST LERNEN, IHRE WÜNSCHE ZU ZÜGELN.
ABER ...

DANN MÜSSEN SIE IHREN MUT ENTWICKELN.
DEN BRAUCHT MAN FÜR DEN PHILOSOPHIE-UNTERRICHT.
KLICK
ZU GUTER LETZT SOLL IHNEN DIE VERNUNFT HELFEN, ZU WEISHEIT ZU GELANGEN.
AH, END-LICH!
SWIIP
DAS HIER IST FÜR MICH DIE IDEALE STADT.
HÜBSCH!
ICH STELLE MIR EINEN STAAT VOR, DER NACH DEM ABBILD DES MENSCHEN GESTALTET IST, ALSO DIE DREITEILUNG WAHRT.

DIE STADT VERFÜGT ÜBER WÄCHTER. ÜBER DAS WOHL ALLER MENSCHEN ENTSCHEIDEN PHILOSOPHEN.
ES GIBT KRIEGER, SOLDATEN, DIE DIE STADT VERTEIDIGEN ...
... UND ARBEITER WIE DIESE STEINMETZE. ODER BAUERN, DIE ALLE MIT ESSEN VERSORGEN.
BUM
BUM
BUM
UND WAS MACHEN DIE FRAUEN?! DEN ABWASCH FÜR DIE PHILOSOPHEN?
IN IHRER GESCHICHTE FEHLEN DIE MÄDCHEN!
KEINESWEGS!
ICH, PLATON, GLAUBE, FRAUEN KÖNNEN GENAUSO VERNÜNFTIG ARGUMENTIEREN WIE MÄNNER, WESHALB SIE DEN RANG EINES HERRSCHERS HABEN KÖNNEN.
ICH VERSTEHE DIE IDEE DAHINTER. DA PHILOSOPHEN KLUGE MENSCHEN SIND, HABEN SIE BEI IHREN ENTSCHEIDUNGEN DAS WOHL ALLER IM BLICK.
ABER DAS GANZE HAT AUCH GRENZEN. NICHT ALLE PHILOSOPHEN HABEN DIE WEISHEIT EINES SOKRATES. SIE GLAUBEN NICHT, DASS SIE, OBWOHL SIE MANCHES WISSEN, IN WAHRHEIT NICHT SEHR VIEL WISSEN.

GANZ VIELE MENSCHEN HALTEN SICH FÜR DIE INTELLIGENTESTEN UND MEINEN ZU WISSEN, WAS FÜR ALLE GUT IST.
ABER DAS STIMMT SO NICHT UNBEDINGT!
ES GIBT DOCH HAUFENWEISE DIKTATOREN, DIE SICH IM RECHT WÄHNEN, ODER?
DÜRFEN PHILOSOPHEN, NUR WEIL SIE ANGEBLICH INTELLIGENT SIND, DARÜBER ENTSCHEIDEN, WAS FÜR ALLE GUT IST?
SIE SOLLTEN UNS LIEBER INFORMIEREN, DAMIT WIR SELBST NACHDENKEN KÖNNEN, ODER!?
GLAUBST DU, DAS VOLK IST ZU DIESER KOLLEKTIVEN INTELLIGENZ FÄHIG?
KEINE AHNUNG. ABER ICH GLAUBE, DASS MAN SICH MÜHE GEBEN MUSS, SICH INFORMIEREN UND ...
OH, SCH...ANDE!
DIE DEMO!!
SORRY, PLATON ...
IDEEN SIND GUT, ABER HANDELN IST BESSER!
?

OH NEIN! ICH BIN ZU SPÄT DRAN. ICH MUSS UNBEDINGT RAUSFINDEN, WIE ICH ZURÜCKKOMME!!!
HA!
GO
...
LOS GEHT'S!
HUCH!
SCHEISSE!
WIE KONNTEST DU NUR DIE DEMO VERPASSEN, SOFIE?!
SOFIE?!
DAS NERVT, DIESE GANZEN BUCHSTABEN UM MICH HERUM ...

SOFIE
SOFIE
LOS, BRING MICH NACH HAUSE!
JAAA!
ICH BIN NOCH LANGE NICHT DA!
UFF!

JORUNN!
JORUNN!!
SORRY FÜR DIE VERSPÄTUNG! HAB ICH ETWA ALLES VERPASST?
...

ECHT BLÖD VON DIR!
WIR WOLLTEN DOCH GEMEINSAM DE-MONSTRIEREN!
WIR SIND COOLER ALS DAS KLIMA!
SORRY, ICH MUSSTE DRINGEND WAS ERLEDIGEN.
UND DAS WAR DRINGENDER ALS DAS KLIMA? DRINGENDER ALS DEINE ZUSAGE?

DEEN SIND
GUT, HANDELN
IST BESSER
RAA!
AU AU AU !!
SOFIE?
MEIN FUß!
DAS TAT WEH.
PFF !
ICH HAB'S VERMASSELT.
WARUM WARST DU DENN ZU SPÄT?
ICH WAR GANZ IN „DER STAAT" VON PLATON VERTIEFT.
?

HA HAHA!
BEI SO EINER ENTSCHULDIGUNG KANN ICH JA SCHWERLICH MIT DIR SCHIMPFEN!
SEHR WITZIG ...
WOFÜR LIEST DU DAS?
PLATON WOLLTE, DASS DIE WELT VON PHILOSOPHEN REGIERT WIRD, DIE DAS GEMEINWOHL IM BLICK HABEN.
VIELLEICHT IST DAS DIE LÖSUNG FÜR DAS KLIMA. ALLEN MENSCHEN STRENGE REGELN AUFERLEGEN, DIE DIE ERDERWÄRMUNG VERHINDERN!
WÜNSCHST DU DIR DAS?
NEIN, NICHT WIRKLICH.
ICH DENKE NICHT, DASS LEUTE, DIE IN IHREM ELFENBEINTURM SITZEN, FÜR DIE GANZE WELT DENKEN KÖNNEN.
IHNEN GINGE ES WIE MIR.
WEIL SIE NUR AM DENKEN SIND, VERGESSEN SIE DAS PRAKTISCHE! DABEI LEBEN WIR IN DER REALITÄT, AUCH WENN SIE NUR AUS SCHATTEN BESTEHT.
AUS SCHATTEN?
VERGISS ES ...

ABER BEIM KLIMA MUSS DRINGEND WAS PASSIEREN!
WENN WIR STÄNDIG NUR DARÜBER REDEN, WAS GETAN WERDEN MÜSSTE, MOBILISIEREN WIR KEINE MASSEN.
DAS KLIMA IST ALLGEMEINGUT, SO WIE DIE GESUNDHEIT IM FALL EINER PANDEMIE. WIR MÜSSEN GEMEINSAM DENKEN UND HANDELN, SONST ...
JA, ABER DAS FUNKTIONIERT NICHT!
DIE LEUTE WISSEN GENAU, DASS WIR EIN GROßES PROBLEM HABEN, TROTZDEM ÄNDERT SICH NICHTS! ALS WÄRE ES ALLEN SCHEIßEGAL!
ES HEIßT IMMER NUR: „MEINE FREIHEIT"!
WAS DENN FÜR EINE FREIHEIT?
DIE FREIHEIT, DURCH WAHNWITZIGEN KONSUM DIE UMWELT ZU VERSCHMUTZEN?
BUM
MAN BRÄUCHTE FESTE REGELN FÜR ALLE, SONST KLAPPT ES NICHT. ABER AUCH WENN EIN KLUGER DIKTATOR SIE ERLÄSST, FUNKTIONIERT ES NICHT!

SCHWIERIG IST DAS.
PFFF !
JA, DER SFM, WIE HUBERT REEVES SAGEN WÜRDE.
DER SFM?
DER SCHEIß-FAKTOR MENSCH ...
?
AUCH WENN WIR MENSCHEN WISSEN, DASS WIR GERADEWEGS AUF DIE WAND ZUSTEUERN, WOLLEN WIR ES NICHT SEHEN! UND AUF UNTERGANGSPROPHETEN WILL KEINER HÖREN, DEREN BOTSCHAFT IST NUR DEPRIMIEREND.
ABER DIE FAKTEN! DIE SIND WISSENSCHAFTLICH ERWIESEN! ES GEHT DOCH NICHT DARUM, WAS MAN GLAUBT!
WIR MÜSSEN DIE WIRKLICHKEIT ANERKENNEN UND HANDELN, SOLANGE NOCH ZEIT IST.
?!
RUTSCH
PLUMPS
SONST WIRD ES SEHR WEHTUN.
AUA.

AUCH WIR SIND VOR DEM SFM NICHT GEFEIT, MAMA!
WIR NEHMEN STÄNDIG DAS AUTO, HABEN KEINEN GEMÜSE-GARTEN, ESSEN VIEL FLEISCH …
VON ALLEIN SCHAFFT MAN ES NICHT, SICH ZU BESCHRÄNKEN, UND RECHTFERTIGT SICH MIT DER FREIHEIT!
ABER WENN MAN SICH HEMMUNGSLOS AUSTOBT UND NICHT AN DIE AUSWIRKUNGEN DES EIGENEN HANDELNS DENKT …
IST DAS DANN FREIHEIT?
DER KONTRAST ZWISCHEN DEM WISSENSCHAFTLICHEN DISKURS UND DEN KOMMENTAREN DER LEUTE MACHT MIR ANGST!
AM LIEBSTEN WÜRDE ICH MICH UNTER DER BETTDECKE VERKRIECHEN UND DICH DAFÜR VERKLAGEN, DASS DU MICH IN DIE WELT GESETZT HAST!
WENN DER GROßE HORROR KOMMT, SEID IHR ALTEN NÄMLICH ALLE TOT, UND WIR STECKEN MITTENDRIN!

MAMA?
ENTSCHULDIGE, DASS ICH MICH SO AUFREGE. ES GEHT NICHT GEGEN DICH.
ICH WEIß, LIEBES, ICH WEIß.
ES IST GANZ KOMISCH, DASS DU PLÖTZLICH SO ERWACHSEN BIST.
WAS PASSIERT IM LEBEN DER KINDER, DASS SIE AUF EINMAL ALS ERWACHSENE AUFWACHEN?
WANN PASSIERT DAS?
NACHTS? WENN DIE ELTERN ZU ABGELENKT SIND, UM ES ZU SEHEN?

DARAN IST NUR DEINE GUTE ERZIEHUNG SCHULD, MAMA!

HMM ...
TJA, BEI MAMAS GUT BESTÜCKTER BIBLIOTHEK HABE ICH KEINE CHANCE ZU VERGESSEN, DASS ES NOCH GANZ VIEL GIBT, WAS ICH NICHT WEIß!

SCHON KOMISCH, WAS ICH GERADE SO ERLEBE.
ALS HÄTTE ALLES UM MICH HERUM ES DARAUF ABGESEHEN, DASS ICH MICH MIT PHILOSOPHIE BESCHÄFTIGE.
ES KOMMT MIR FAST SO VOR, ALS WÄRE ICH EINE LABORRATTE …
… ODER JIM CARREY AUS DER „TRUMAN SHOW"!
VIELLEICHT WERDE ICH JA GENAU IN DIESEM MOMENT VON LEUTEN BEOBACHTET?
HUHU?! IST DA JEMAND?
TJA …
KEINE ANTWORT, NATÜRLICH NICHT.
OKAY.
UM ZU VERSTEHEN, WAS HIER ABGEHT, SOLLTE ICH MEINEN PHILOSOPHEN TREFFEN UND EINE ERKLÄRUNG VERLANGEN.

LETZTES MAL HABE ICH IHN NUR UM SEKUNDEN VERPASST, TROTZDEM GIBT ES EINE SPUR.
... EIN WEITERER TAG MIT VIELEN SONNENSTUNDEN UND FÜR DIE JAHRESZEIT ...
... UNGEWÖHNLICH HOHEN TEMPERATUREN.
KLACK
HIER HAT SICH DIE SPUR VERLOREN!
JETZT IST INSTINKT GEFRAGT.

WOW!

NA KLAR ...
... HIER WAR ICH ALS KIND SCHON MIT MAMA ZUM PICKNICKEN.
DIE HÜTTE DES WELTENBUMMLERS!
SIE GEHÖRT EINEM SONDERBAREN TYPEN, EINEM KÜNSTLER, DER STÄNDIG AUF REISEN IST.
KLOPF KLOPF KLOPF
WIE JETZT ANSCHEINEND AUCH WIEDER.
OB SICH HIER MEIN PHILOSOPH VERSTECKT?
ES KÖNNTE SCHLIMMER SEIN.

DAS GLEICHE BRIEF-PAPIER.
6. Aristoteles
PFF
6. Aristoteles
6. Aristoteles

6. Aristoteles
SCHON GEHT'S WIEDER LOS!
DAS MUSS EINE BESONDERE TINTE SEIN.
PLONG
KLASSE, SOFIE, DU HAST GANZ OFFENSICHTLICH DAS GEHEIMVERSTECK DEINES PHILOSOPHEN GEFUNDEN.
AUßERDEM HAST DU GANZ VIEL ÜBER DIE ANTIKE PHILOSOPHIE GELERNT. ABER DU WEIßT IMMER NOCH NICHT, WER DU BIST.

WER WAR DIESES MÄDCHEN?
MEIN WAHRES ICH?
ICH IN EINEM FRÜHEREN LEBEN, BEVOR SICH MEINE ATOME ZERSTREUT HABEN UND MEINE SEELE IN SOFIE INKARNIERT WURDE?
HMMM, ICH WEIß JA NICHT, WAS LOS IST, ABER WAS DA GERADE IN MEINEM LEBEN PASSIERT, IST NICHT NORMAL!
UND DIE ANTWORT HAT GANZ SICHER MIT DEN PHILOSOPHEN ZU TUN.
AUCH ARISTOTELES HAT IN ATHEN GELEBT, OKAY.
ATHEN
ABER WIE KOMME ICH DA JETZT HIN?
HE!
LASS MICH IN RUHE!

ATHEN
RITSCH
RATSCH
RITSCH
RITSCH
KOMM SCHON.
RITSCH

les
6.
Aristot
Aris
WUSCH
6.
Aristote
HE!
RUMS
HMPF
Aristote

6. Aristoteles
KOMM SCHON, HAB KEINE ANGST.
6. Aristoteles

Aristoteles ist ein großer Philosoph, Schüler von Platon, geboren 384 v. Chr., gestorben 322 v. Chr.
IST ER DAS?
Ja.
AH! ICH HAB IHN!
Aristoteles interessiert sich vor allem für die lebendige Natur.
Er ist nicht nur der letzte große griechische Philosoph, sondern auch der erste große Biologe Europas!
Platons Interesse galt den Ideen, sein Schüler Aristoteles befasst sich mit den Naturphänomenen.
QUAK
HE, HE!
QUAK
GERADE IST FÜR FRÖSCHE DIE ZEIT DER PAARUNG. ICH BEOBACHTE SIE FÜR MEIN LEBEN GERN.
OH, EIN WINDRÖSCHEN!
RIECH MAL!

IN DER NATUR GIBT ES SO VIELES ZU ENTDECKEN!
Die Unterlagen für die Kurse, die Aristoteles in seiner Schule gehalten hat, hat man gefunden. Sie geben Einblicke in seine Denkweise.
HAT ER KEINE BÜCHER GESCHRIEBEN, UM SEINE IDEEN DARZULEGEN?
Doch, aber sie sind verloren gegangen, nur seine Kursunterlagen sind erhalten.
Aristoteles hat versucht, eine Wissenschaftssprache zu entwickeln und die Wissenschaften zu ordnen.
Zum Beispiel hat er dafür gesorgt, dass wir das, was wir in der Natur finden, in leblose und lebende Dinge unterteilen.
Diese Felsen unterscheiden sich ...
... von diesen Blumen ...
... und von diesem Schmetterling.
Und die lebenden Dinge unterteilt er in Pflanzen ...
... und lebende Wesen.

Die lebenden Wesen wiederum in Tiere und Menschen.
NACH WELCHEN KRITERIEN ERFOLGT DIE KLASSIFIZIERUNG?
Immer auf der Grundlage dessen, was die Wesen können oder nicht können.
Ganz oben auf dieser natürlichen Leiter siedelt er den Menschen an, der zu rationalem Denken fähig ist.
KRRRR
Dafür muss er einen Funken göttlicher Vernunft erhalten haben.
QUIETSCH
Jenes Gottes, der das Universum in Bewegung gesetzt hat.
?
KNIRSCH...
AAH MIST!
DA KLEMMT WAS.
SCHADE, DIE BILDER HABEN SO GUT ZU MEINEN IDEEN GEPASST.
UND DIESE STIMME, DIE VON MIR ERZÄHLT HAT, ALS WÄRE ICH TOT, FAND ICH LUSTIG.

ABER SIE **SIND** DOCH TOT, ARISTOTELES!
Seit 322 v. Chr., um genau zu sein.
ACH SO? HATTE ICH NOCH DIE ZEIT ZU SAGEN, DASS PLATON DIE PROBLEME VON DER FALSCHEN SEITE ANGEGANGEN IST?
Ja.
AAAH. SEHR GUT!
DU MUSST WISSEN, SOFIE, FÜR MICH GIBT ES NICHT FÜR ALLES EINE „IDEALE FORM".
DIE IDEE „PFERD" IST EIN KONZEPT, DAS MAN VERSTEHT, **NACHDEM** MAN MEHRERE PFERDE GESEHEN HAT!
LAUT MEINEM LEHRER PLATON DENKEN WIR NUR DANK UNSERER VERNUNFT. DAS IST NICHT FALSCH.
ICH GLAUBE ALLERDINGS, WIR KÖNNEN NUR AUF DER GRUNDLAGE DESSEN DENKEN, WAS UNSERE SINNE WAHRNEHMEN.
DIE NATUR IST DIE EINZIGE WELT, UND SIE IST GLEICHZEITIG MATERIELL UND RATIONAL FASSBAR.
WAS SICH IN UNSERER SEELE, UNSEREM BEWUSSTSEIN FINDET, IST DIE SPIEGELUNG EINES NATÜRLICHEN GEGENSTANDS, NICHT UMGEKEHRT.

SCHÜTT SCHÜTT
OH OH! DER KLIMA-WANDEL!!!
WAS MEINST DU, WARUM REGNET ES?
ICH WETTE, DAMIT SIE MIR ETWAS ÜBER DEN REGEN ERZÄHLEN KÖNNEN …
GEWISS DOCH. WARUM NOCH?
WEIL SICH DIREKT ÜBER UNS EINE WOLKE BEFINDET!
JA, ZUNÄCHST GIBT ES EINE MATERIELLE URSACHE. WASSERDAMPF ENTSTEHT, DER SICH ABKÜHLT UND ZU EINER WOLKE WIRD, UND WASSER FÄLLT NUN MAL NACH UNTEN.
ICH GLAUBE ABER AUCH, DASS ES REGNET, WEIL PFLANZEN UND TIERE WASSER ZUM WACHSEN BRAUCHEN.
?
JA, WASSER IST DIE VORAUSSETZUNG FÜR LEBEN AUF DER ERDE.
REGEN FÄLLT UND ALLES WÄCHST!
ICH HALTE ES FÜR MEHR ALS NUR EINE VOR-AUSSETZUNG. ICH BIN DAVON ÜBERZEUGT, DASS EIN SINN DAHINTER-STECKT.

DIE REGENTROPFEN FALLEN, DAMIT ALLES WÄCHST UND WIR TRINKEN KÖNNEN!
SCHLÜRF
KOMM!
BUM BUM BUM BUM BUM BUM
WOHER WUSSTEST DU, DASS SICH EIN PFERD DARIN BEFINDET?
HAST DU GEHÖRT? WAS FÜR EIN GEDANKE?!
ICH DENKE, ALLE DINGE IN DER NATUR TRAGEN DIE FORM IN SICH, DIE SIE ERLANGEN KÖNNEN.
ES GIBT DEN „STOFF", HIER GRANIT, AUS DEM DIE SKULPTUR BESTEHT.
UND DIE „FORM", SOBALD DIE PLASTIK FERTIGGE-STELLT IST. DIE FORM IST DIE SUMME DER UNTER-SCHEIDUNGSMERKMALE UND UNTERSCHEIDET EIN PFERD VON EINEM HUND UND VON EINER BIENE.

DER AUSGANGSSTOFF BIRGT DIE MÖGLICHKEIT ZUR ENTFALTUNG EINER GEWISSEN FORM.
WIE BEI MIR. VOM STOFF HER BIN ICH EIN JUNGES MÄDCHEN, DAS IN SICH DIE FORM DER FRAU TRÄGT, ZU DER ES WERDEN KANN.
GENAU!
ABER, ARISTOTELES, WIE KANN ICH ZU DER FRAU WERDEN, DIE ICH SEIN WILL?
ICH DENKE, DER MENSCH WIRD NICHT EHER GLÜCKLICH, BIS ER ALLE FÄHIG-KEITEN ENTWICKELT HAT, DIE ER BE-SITZT.
ES GIBT DREI ARTEN VON GLÜCK.
1. EIN LEBEN DES VERGNÜGENS. 2. EIN LEBEN ALS FREIER, VERANTWORTLICHER BÜRGER. 3. EIN LEBEN ALS FORSCHER UND PHILOSOPH.
VERANTWORTUNG
VERGNÜGEN
PHILOSOPHIE
UND ZUR ENTFALTUNG BRAUCHT MAN ALLE DREI.
MAN SOLL NICHT BLOß KÖRPER ODER VER-STAND ENTWICKELN, SONDERN ALLES!
EIN GEWISSES GLEICHGEWICHT FINDEN, UM HARMONIE ZU ER-REICHEN.

AUßERDEM IST DIE GESELLSCHAFT, IN DER WIR LEBEN, VON ZENTRALER BEDEUTUNG. SIE MACHT UNS ZUM MENSCHEN.
DER MENSCH IST VON NATUR AUS EIN POLITISCHES WESEN.
„Polis" ist griechisch und bedeutet Staat. Aristoteles meint, der Mensch lebe von Natur aus „in einem Staat", also in Gemeinschaft.
FÜR MICH IST DAS LEBEN IN GEMEINSCHAFT GRUNDVORAUSSETZUNG DAFÜR, DASS DER MENSCH SICH ALS MENSCH ENTWICKELN KANN.
DER MENSCH IST SICH SELBST NICHT GENUG.
DIE EINSAMKEIT, DIE EIN LEBEN AUßERHALB SOZIALER GRUPPEN MIT SICH BRINGT, KÖNNTE NUR EIN UNMENSCHLICHER MENSCH ERTRAGEN.

DAS LEBEN IN GEMEINSCHAFT IST FÜR DEN MENSCHEN NATÜRLICH.
MAN WIRD NICHT ALS MENSCH GEBOREN, SONDERN IN GEMEINSCHAFT ZUM MENSCHEN GEMACHT.
SAGEN SIE MAL, SIE REDEN IMMER VOM MENSCHEN. SIND FRAUEN DA MITGEMEINT?
NEIN.
DER FRAU FEHLT ETWAS.
?
BEI DER FORTPFLANZUNG IST DIE FRAU PASSIV, SIE EMPFÄNGT. WOHINGEGEN DER MANN AKTIV IST, ALS SAMENSPENDER! DAHER DENKE ICH, DASS DAS KIND AUSSCHLIEẞLICH DIE EIGENSCHAFTEN DES MANNES ERBT.
DIE FRAU IST EIN UNVOLLSTÄNDIGER MANN.
RUMS
AUA
LLSTÄNDIGER MANN.
SO EIN SCHWACHSINN!
DER TYP SPINNT JA.

Echt schade, dass sich ein derart großer Philosoph bei seinem Frauenbild so krass getäuscht hat.
AAAAAARRH!
KRITZEL KRITZEL
DAS BILD IST TIEF VERWURZELT!
Und es ist umso schlimmer, dass sich diese Sicht bis ins Mittelalter durchgesetzt hat und nicht die positivere von Platon.
DIE FRAU IST EIN UNVOLLSTÄNDIGER MANN.
Auf diesem Umweg hat die Kirche ein sehr frauenfeindliches Bild geerbt.
ICH HABE DIE SCHNAUZE VOLL DAVON, DASS PHILOSOPHEN IMMER MÄNNER SIND! KANN SICH DAS NICHT MAL ÄNDERN?
DIE FRAU IST EIN UNVOLLSTÄNDIGER MANN.
Leider nein. Wie deine Mutter gesagt hat, wird das noch eine ganze Weile dauern!
NA WARTE, JETZT PHILOSOPHIER ICH DIR MAL WAS!
DA HAST DU'S!
„MANN UND FRAU SIND GLEICHBERECHTIGT."
Sofie AMUNDSEN

„MANN UND FRAU SIND GLEICHBERECHTIGT."
Sofie AMUNDSEN
ICH KANN AUCH BEI SONNENUNTERGANG PHILOSOPHIEREN.
UND OHNE DABEI BLÖDSINN ZU REDEN ...
DAS IST DIE FORM DER FRAU, ZU DER ICH EINMAL WERDE!

7. DER HELLENISMUS

Mit Sokrates, Platon und Aristoteles hast du die Grundpfeiler der abendländischen Philosophie kennengelernt.
Wir werden jetzt versuchen, ein Stück weiterzugehen.
OKAY. SUPER!
WOW! MEHR ALS 700 JAHRE AUF EINEN SCHLAG, DAS WIRD EIN WEITER WEG!
322 v. Chr. Tod von Aristoteles
27 v. Chr. Die Römerzeit
0 Geburt von Jesus Christus
476 Beginn des Mittelalters

Als Aristoteles 322 v. Chr. stirbt, ist Athen nicht länger das Zentrum der griechischen Welt.
322 v. Chr.
Tod von
Aristoteles
Das ist die Folge der großen politischen Veränderungen, aber auch der Eroberungen Alexanders des Großen.
Alexander kam aus Makedonien (wie Aristoteles übrigens auch) und durch seine Eroberungen verbindet er die griechische Kultur mit Gebieten, die von Ägypten über Indien bis zum Orient reichen!
Skythen
Byzanz
Schwarzes Meer
Kaspisches Meer
ROM
Troja
ATHEN
SPARTA
Delos
Harran
ARTHAGO
Mittelmeer
KNOSSOS
NUMIDIEN
REICH
ALEXANDER DES GROSSEN
Alexandria
Jerusalem
LYBIEN
Persepolis
Ur
Theben
INDI
Indischer
Ozean

Mit Alexander dem Großen beginnt eine neue Ära: eine Gesellschaft im Weltmaßstab, in deren Zentrum die griechische Kultur und Sprache vorherrschen.
Ab 27 v. Chr. hat Rom die militärische Vormachtstellung inne.
DIE RÖMERZEIT
Die römische Kultur und mit ihr die lateinische Sprache erobern hellenistische Provinzen und dringen bis nach Asien vor.
DIE RÖMERZEIT
Doch damals herrscht in Rom die griechische Kultur! So spielt die griechische Philosophie weiterhin eine wichtige Rolle.
TRETEN SIE NÄHER!!
KAUFEN SIE ORIENTALISCHE GEWÜRZE.
HINDUISTISCHE GÖTTINNEN, WER MÖCHTE HINDUISTISCHE GÖTTINNEN?
EINE STATUE DER ATHENE?
DIE LEGENDE VON ROMULUS UND REMUS!

Früher waren die Leute an ihr Volk und ihre Stadt gebunden.
Doch mit der Aufhebung der Grenzen vermischen sich die verschiedenen Kulturen wie in einem riesigen Schmelztiegel, in dem religiöse, philosophische und wissenschaftliche Vorstellungen durcheinandergewürfelt werden.
IN ETWA WIE HEUTE MIT DER GLOBALISIERUNG, DEM INTERNET UND SO?
Ganz genau. Damals treffen in der Stadt Alexandria Morgen- und Abendland aufeinander.
Sieh nur.

Alexandria ist die Hauptstadt der Wissenschaft – Ergebnis verschiedener Kulturen. In ihrer fantastischen Bibliothek ist alles Wissen gesammelt.
Diese Vermischung der Religionen, die man Synkretismus nennt, führt auch zu Zweifeln und Unsicherheit hinsichtlich der Lebensauffassung.
DER DENKER VON RODIN?! DER HAT DOCH NICHTS MIT DEN GRIECHEN ZU TUN!
In der Tat, Rodin ist ein französischer Bildhauer. Aber er zeigt, dass der Mensch zweifelt, nicht die Epoche!
ACH SO, DAS MUSS MAN ABER WISSEN, SONST IST MAN VERWIRRT.
In dieser Periode kreisen die philosophischen Fragen im Wesentlichen um das Ziel, den Menschen von Todesfurcht und Zweifeln zu befreien. Die Grenze zwischen Religion und Philosophie ist demnach äußerst schmal.
Es lassen sich vier Bewegungen ausmachen, die danach suchen, worin das wahre Glück besteht und wie man es erreicht.

I. DER KYNISMUS
MEINST DU ZYNISMUS?
DAS SIND DOCH LEUTE, DIE SICH FÜR ANDERE NULL INTERESSIEREN! SICH ÜBER ALLES LUSTIG MACHEN! ODER?
So wird der Begriff Zyniker im heutigen Sprachgebrauch verstanden, aber du wirst sehen, dass die Kyniker nicht in unserem Sinne zynisch waren!
?
Das ist Diogenes, der berühmteste Kyniker.
Geh ruhig zu ihm!
HALLO SIE?!
WAS MACHEN SIE DENN MIT DIESEM …
… DIESER …
ICH HEIẞE DIOGENES UND GEHE MEINER TÄGLICHEN SPIRITUELLEN ÜBUNG NACH.
?!

TZZZ!
ER FÜHRT SEINEN HERING AUS.
HO HO!
PFF! LÄCHERLICH!
DONG DONG
EIN EINFACHER SPAZIERGANG ALS SPIRITUELLE ÜBUNG?
JA, SOFIE. SO ÜBE ICH, DEN MISSBILLIGENDEN BLICKEN ANDERER STAND-ZUHALTEN.
UND DAS IST SEHR WICHTIG.
VÖLLIG DANEBEN!
TZZZ!
UNGLAUBLICH!
PSSS
WILLST DU SO WERDEN, WIE DIE ANDEREN DICH HABEN WOLLEN?
AUF KEINEN FALL!
DAS LEBEN VERLEITET UNS ABER OFT DAZU, UNS DEN WÜNSCHEN ANDERER ZU BEUGEN.
DAS IST WIE BEIM LANGSTRECKENLAUF, MAN MUSS ES TRAINIEREN.
MAN MUSS SICH TRAUEN, AUS DER REIHE ZU TANZEN!
?
?
?

HAHA! AUS DER REIHE TANZEN. WARUM SAGE ICH SO WAS?
AH, TUT DAS GUT!
ZUR IDEALEN ZEIT IN SEIN KLEINES ZUHAUSE ZURÜCKZUKEHREN.
KRATZ KRATZ
WOHNEN SIE HIER, DIOGENES?
JA, HIER HABE ICH ALLES, WAS ICH BRAUCHE.
?
ALEXANDER DER GROßE
ICH HABE SCHON VIEL ÜBER DICH GEHÖRT, DIOGENES.
UND WÜRDE GERN WISSEN, OB ICH ETWAS FÜR DICH TUN KANN.

FÜR MICH, WERTER ALEXANDER?
NUN JA ...
GEH MIR AUS DER SONNE.
Öh, oh! Alexander ist ein äußerst autoritärer König.
WÄRE ICH NICHT ALEXANDER, WÄRE ICH GERN DIOGENES.
Unglaublich! Offensichtlich hat Alexander Diogenes' Aufrichtigkeit, seine Freiheit gefallen!
Diogenes zeigt zwei Eigenschaften: Die Fähigkeit, sich dessen zu entledigen, was nicht wichtig ist.
DAS SEHE ICH.
GÄHN.
Und die Abwesenheit von Eitelkeit. Dazu den Mut, zu seinen Ideen zu stehen!
BEEINDRUCKEND! VERGLICHEN DAMIT HABE ICH NOCH EINEN WEITEN WEG VOR MIR.
ZZ

Wirklich?
JA.
WENN ICH EIN FOTO HOCHLADE, SCHAUE ICH ALLE PAAR STUNDEN NACH, WIE OFT ES ANGEKLICKT WURDE!
2
ICH GLAUBE, DAS IST GENAU DER GRUND, WESHALB ICH SACHEN POSTE: WEIL ICH DARAN DENKE, WIE VIELE LIKES MIR DAS EINBRINGT.
Und wenn du eine Runde mit Diogenes' Angelrute drehen würdest?
ECHT JETZT?
SOLL ICH?
GAR NICHT SO EINFACH.
Jammer nicht, ich hätte auch verlangen können, dass du vor den Leuten pinkelst!
2. DIE STOIKER
ROM
STOIKER
ROM
Der Stoizismus übt einen großen Einfluss auf die römische Kultur aus; von Zenon gegründet, hat er Kaiser Mark Aurel inspiriert.

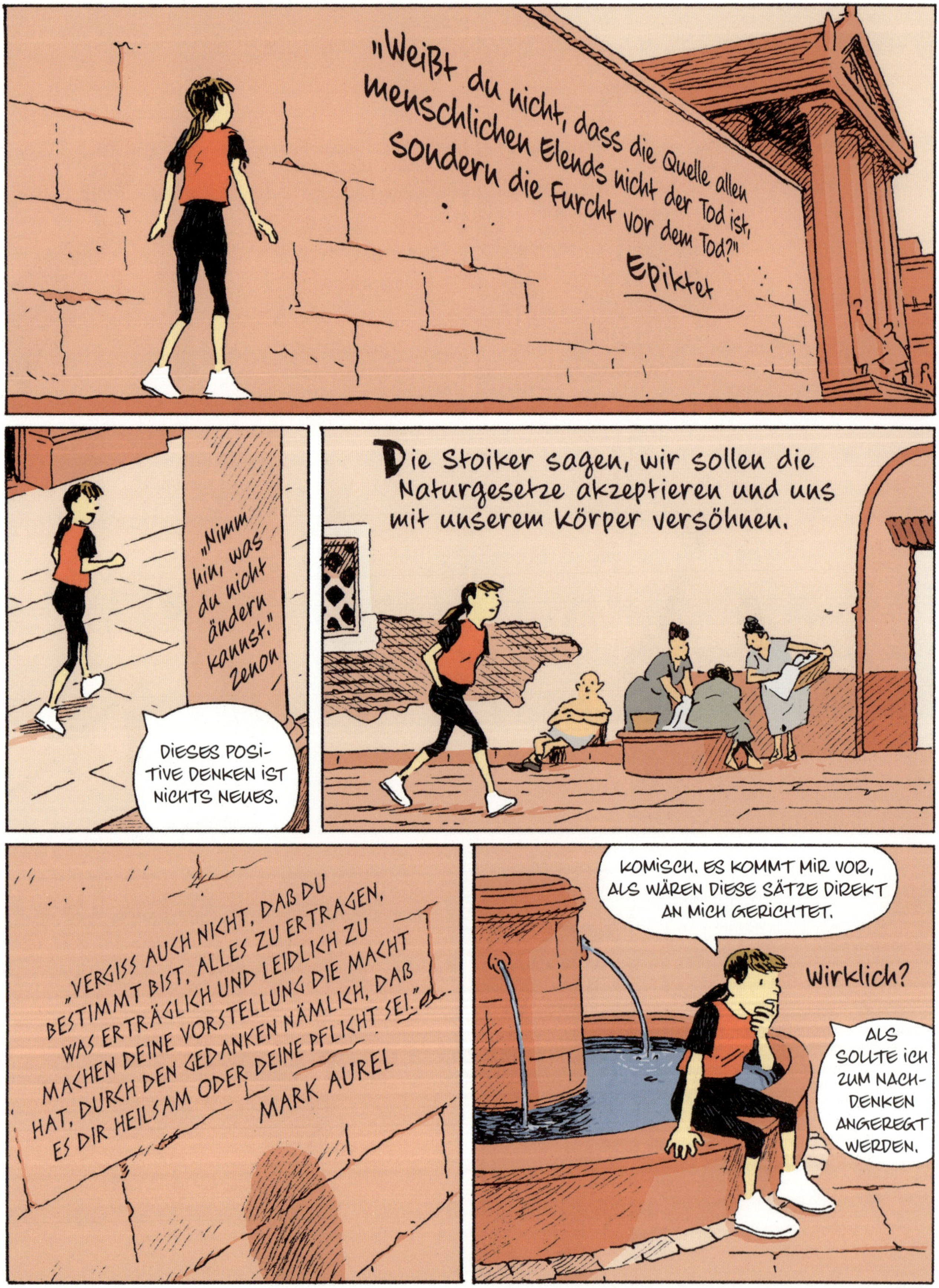
„Weißt du nicht, dass die Quelle allen menschlichen Elends nicht der Tod ist, sondern die Furcht vor dem Tod?" Epiktet
„Nimm hin, was du nicht ändern kannst." Zenon
DIESES POSITIVE DENKEN IST NICHTS NEUES.
Die Stoiker sagen, wir sollen die Naturgesetze akzeptieren und uns mit unserem Körper versöhnen.
„VERGISS AUCH NICHT, DAß DU BESTIMMT BIST, ALLES ZU ERTRAGEN, WAS ERTRÄGLICH UND LEIDLICH ZU MACHEN DEINE VORSTELLUNG DIE MACHT HAT, DURCH DEN GEDANKEN NÄMLICH, DAß ES DIR HEILSAM ODER DEINE PFLICHT SEI." MARK AUREL
KOMISCH. ES KOMMT MIR VOR, ALS WÄREN DIESE SÄTZE DIREKT AN MICH GERICHTET.
Wirklich?
ALS SOLLTE ICH ZUM NACHDENKEN ANGEREGT WERDEN.

Über den Tod deines Vaters?
JA.
ICH MUSS IHN AKZEPTIEREN!
PAPA IST TOT. DAS IST SO.
HMM.
ALLERDINGS SOLLTE ICH AUCH DEN MUT HABEN, ETWAS ZU ÄNDERN, GLAUBE ICH!
Was denn?
WER ICH BIN!
ICH BIN SICHER, ICH SOLL HIER WAS BEGREIFEN. UND SOBALD ICH ES BEGRIFFEN HABE, WERDE ICH ES AUCH ÄNDERN KÖNNEN.
AUF GEHT'S!
„DER MENSCH IST DEM MENSCHEN HEILIG."
GENAU!
UND DAMIT SIND AUCH DIE FRAUEN GEMEINT.
SENECA

Mit den Stoikern kommt der Begriff Humanismus auf. Ihrer Ansicht nach ist es wichtig, eine Lebensform zu wählen, die das Individuum ins Zentrum stellt.
SO WIE ICH IN DER MITTE DIESES PLATZES STEHE!
Die Stoiker fanden, das Recht müsse für alle Menschen gelten. Denn es ändere sich nicht nach Zeit oder Bezug. Es gebe ein natürliches Recht für alle, ob Kaiser oder Sklave.
ODER EIN MÄDCHEN AUF DER SUCHE NACH DER WAHRHEIT!
„Wie du siehst, ist der Ausdruck ‚stoischer Gleichmut', also Gelassenheit angesichts äußerer Ereignisse, noch heute nah am philosophischen Original."
3. DIE EPIKUREER

Bei den Epikureern hingegen ist das, was von ihnen geblieben ist, weit weg von der ursprünglichen Philosophie.
WIRK-LICH?
Ja, wenn man heute jemanden einen Epikureer nennt, meint man einen Genussmenschen.
CARPE DIEM – GENIEßE DEN TAG!
Fremder, hier wirst du es gut haben. Hier ist die Lust das höchste Gut.
Aber du wirst sehen, die Philosophie Epikurs ist weitaus nuancierter.
WILLKOMMEN, LIEBE SOFIE!
SPAZIEREN WIR ZUSAMMEN DURCH MEINEN GARTEN UND PLAUDERN ÜBER DAS GLÜCK.

FÜR MICH, EPIKUR, BEDEUTET HÖCHSTE LUST VOR ALLEM DIE SUCHE NACH ATARAXIE, ALSO ABWESENHEIT VON LEID!
UM WOHLBEFINDEN ZU ERLANGEN, MUSS MAN NICHT EIN MAXIMUM AN DINGEN BESITZEN, SONDERN VERGNÜGUNGEN FINDEN, DIE NATÜRLICH UND NOTWENDIG FÜR UNS SIND.
ZZ
ES GILT, DIE KURZFRISTIGE BEFRIEDIGUNG EINES BEDÜRFNISSES UND DIE MÖGLICHKEIT EINES DAUERHAFTEREN VERGNÜGENS IM GLEICHGEWICHT ZU HALTEN.
DANKE.
BEISPIELSWEISE BEFRIEDIGT BEI DURST DER VERZEHR VON WASSER UND BEI HUNGER DER VON BROT UNSERE NATÜRLICHEN BEDÜRFNISSE.
JA, DENN AUCH DIE BESTEN WEINE BESCHEREN EINEM KOPFSCHMERZEN.

OH JA! DIE BEFRIEDIGUNG EINES BEDÜRFNISSES DARF NICHT ÜBER DIE NEBENWIRKUNGEN DES MITTELS HINWEGTÄUSCHEN.
GANZ GENAU.
FLAP FLAP
?
DU KÖNNTEST AUCH BESCHLIEßEN, DIESE STUFEN ZU ERKLIMMEN, SOFIE, SIE FÜHREN ZU RUHM.
ICH GLAUBE ABER, UM JEDEN PREIS BERÜHMT SEIN ZU WOLLEN, IST NICHT HILFREICH, UM DAS GLÜCK ZU FINDEN.
DENN DIE SUCHE NACH ANERKENNUNG GERÄT RASCH ZUM ZENTRALEN ANLIEGEN IM LEBEN UND BRINGT VIELE SORGEN MIT SICH!
RASCHEL
RASCHEL
SICH MIT WENIG ZU BEGNÜGEN, SEINEN GARTEN ZU PFLEGEN UND DIE TUGENDEN DER FREUNDSCHAFT ZU TEILEN SIND FÜR MICH DAS WESENTLICHE.
GANZ IHRER MEINUNG! ICH HÄTTE GROßE LUST, MICH DAZUZUSETZEN.

Warte, Sofie! Ich würde dir gern noch von Plotin erzählen.
MIST!
SIE SCHIENEN VIEL SPAß ZU HABEN, DIESE EPIKUREER.
4. DIE NEUPLATONIKER
Denk lieber an das Vergnügen, das dir die Beschäftigung mit den Philosophen des Hellenismus bescheren würde.
Sieh mal, dort brennt auch ein Lagerfeuer!
Der wichtigste Neuplatoniker ist kein anderer als Plotin.
PLATON, PLOTIN … SEHR VERWIRREND!
Ich bringe gleich Klarheit ins Dunkel.
Für Plotin ist das, was hier brennt, Gott.
Die Dunkelheit drumherum ist der Stoff, aus dem die Menschen und Tiere sind.

In Gottes Nähe finden sich die ewigen Ideen.
Und die menschliche Seele ist ein Funke des Feuers.
DAS IST EIN BISSCHEN WIE BEI PLATON, ODER?
Ja, aber für Plotin ist alles eins. Anders als bei Platon, der die Welt in zwei geteilt hat.
Plotin hatte sogar mystische Erlebnisse, bei denen er den Eindruck hatte, mit dem Universum zu verschmelzen.
STIMMT. MANCHMAL ABENDS, WENN ES RUHIG IST UND ICH DEN SONNENUNTERGANG BETRACHTE …
… HABE ICH AUCH DEN EINDRUCK, MIT ALLEM UM MICH HERUM ZU VERSCHMELZEN.
DIE GANZE WELT ZU SEIN.

?!
HU
HU
HU
HU
HU
HU
HU

OH,
DAS IST DOCH UNSER HAUS DA UNTEN?!
SCH…ANDE!
DER PHILOSOPH!!
ER BRINGT MIR EINEN BRIEF VORBEI!

Schnell!
BUM!!
NEIN!!
BUM
BUM
BUM
BUM

BOING

RUMPEL
OH NEIN.
DAS DARF NICHT WAHR SEIN! ER IST WEG.
PFFFF
ALLES UMSONST!
Sofie,
ich glaube, es ist an der Zeit, dass wir uns kennenlernen.
Und zwar morgen um Mitter-nacht in der Marienkirche.
Endlich wirst du mich treffen.
Dein Philosoph
END-LICH!

HALLO!
AH, LIEBES.
UM DIESE ZEIT KOMMST DU HEIM?
JA, ICH HABE IM GARTEN EWIG PHILOSOPHIERT.
UND ICH HABE BESCHLOSSEN, STOIKERIN UND GLEICHZEITIG EPIKUREERIN ZU SEIN.
DAS SOLL ICH DIR GLAUBEN?

JA. ICH WILL EIN GENÜGSAMES LEBEN FÜHREN, GLÜCKLICH UND MEINER SELBST GEWISS.
TJA, DANN HOFFE ICH, DASS DU DIE NÄCHSTEN ZWANZIG JAHRE DURCHHÄLTST. ICH SELBST VERSUCHE MICH NÄMLICH SCHON LANGE AN DIESEM PROGRAMM, BISHER IST ES MIR ABER NICHT SO RECHT GEGLÜCKT.
JA, ABER AB JETZT VERSUCHEN WIR ES ZU ZWEIT!

AAAH, SOFIE ...
WIE SCHÖN, DASS DU MAL WIEDER VORBEIKOMMST, WIR HABEN DICH EWIG NICHT GESEHEN!
SCHLÄFST DU HIER?
JA, WIR BRAUCHEN MAL EINEN ABEND UNTER FREUNDINNEN.
MEIN MYSTERIÖSER PHILOSOPH WILL SICH UM MITTERNACHT MIT MIR TREFFEN!
HAST DU KEINE ANGST? SCHON KOMISCH, DASS SICH EIN WILDFREMDER TYP UM MITTERNACHT MIT DIR VERABREDET, ODER?
MACH DIR KEINE SORGEN! ICH BRAUCHE DICH NUR ALS ALIBI, WEIL ICH NICHT WEIß, WANN ICH ZURÜCK BIN.
ECHT EIGENARTIG, DASS SICH DIE LEUTE VOR GANZ LANGER ZEIT DIE GLEICHEN FRAGEN GESTELLT HABEN WIE WIR HEUTE.
GIBT ES EIN LEBEN NACH DEM TOD?
IST MEIN SCHICKSAL VORBESTIMMT?
ES IST SO WEIT!
BRRR
23:30
SEI VORSICHTIG, JA?
JA, JA!

DONG
DONG
DONG
MITTER-
NACHT.
DIE STUNDE DER
PHILOSOPHIE!
HI HI!

WILLST DU EIN NACKTER AFFE BLEIBEN?
WILLST DU IM LEEREN RAUM SCHWEBEN?
?!
SIND SIE MEIN PHILOSOPH?
MÖCHTEST DU WIRKLICH ZUM MENSCHEN WERDEN, SOFIE?
JA!
DANN MUSS ICH DICH MIT DEINEN WURZELN VERTRAUT MACHEN.

8.
Zwei
Kulturen

DU WEIßT JETZT, DASS DIE PHILOSOPHEN DES HELLENISMUS DIE ALTEN GRIECHISCHEN DENKER WIEDERGEKÄUT HABEN. PLOTIN WAR KURZ DAVOR, PLATON ZUM ERLÖSER DER MENSCHHEIT ZU ERHEBEN ...
ZUR SELBEN ZEIT KOMMT AUßERHALB DES GRIECHISCH-RÖMISCHEN TERRITORIUMS EIN ANDERER ERLÖSER ZUR WELT.
KLICK
JESUS VON NAZARETH.
ICH WERDE DIR JETZT DEN ZUNEHMENDEN EINFLUSS DES CHRISTENTUMS IN DER GRIECHISCH-RÖMISCHEN WELT ZEIGEN.
OKAY. ABER ICH KOMME NUR MIT, WENN SIE MIR IHREN NAMEN VERRATEN!
MEIN MYSTERIÖSER HERR PHILOSOPH.

ALBERTO.
JESUS WAR JUDE, UND DIE JUDEN GEHÖREN DER SEMITISCHEN KULTUR AN.
GRIECHEN UND RÖMER IHRERSEITS GEHÖREN ZUR INDOEUROPÄISCHEN KULTUR.
KLACK
SURR

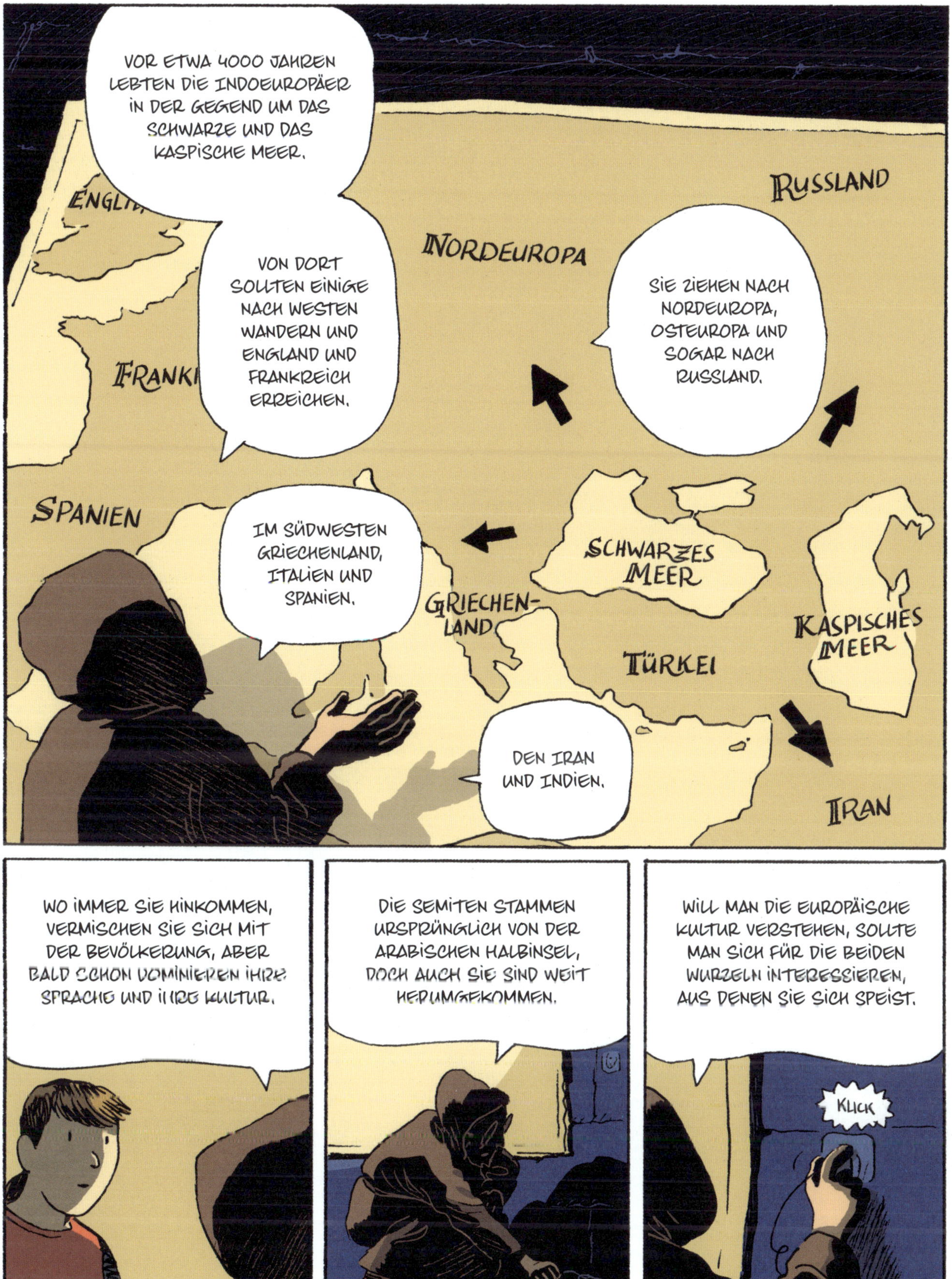
VOR ETWA 4000 JAHREN LEBTEN DIE INDOEUROPÄER IN DER GEGEND UM DAS SCHWARZE UND DAS KASPISCHE MEER.
VON DORT SOLLTEN EINIGE NACH WESTEN WANDERN UND ENGLAND UND FRANKREICH ERREICHEN.
SIE ZIEHEN NACH NORDEUROPA, OSTEUROPA UND SOGAR NACH RUSSLAND.
IM SÜDWESTEN GRIECHENLAND, ITALIEN UND SPANIEN.
DEN IRAN UND INDIEN.
RUSSLAND
NORDEUROPA
SPANIEN
SCHWARZES MEER
GRIECHEN-LAND
TÜRKEI
KASPISCHES MEER
IRAN
WO IMMER SIE HINKOMMEN, VERMISCHEN SIE SICH MIT DER BEVÖLKERUNG, ABER BALD SCHON DOMINIEREN IHRE SPRACHE UND IHRE KULTUR.
DIE SEMITEN STAMMEN URSPRÜNGLICH VON DER ARABISCHEN HALBINSEL, DOCH AUCH SIE SIND WEIT HERUMGEKOMMEN.
WILL MAN DIE EUROPÄISCHE KULTUR VERSTEHEN, SOLLTE MAN SICH FÜR DIE BEIDEN WURZELN INTERESSIEREN, AUS DENEN SIE SICH SPEIST.
KLICK

I. Alle Länder und Kulturen, die eine indoeuropäische Sprache verwenden (dazu gehören fast alle europäischen Sprachen).
II. Der Polytheismus: der Glaube an mehrere Götter.
III. Der Sehsinn ist das wichtigste Sinnesorgan. Folglich ist die Literatur von großen kosmischen Visionen geprägt.
IV. Götter werden in Skulpturen und Gemälden dargestellt.
V. Das Geschichtsverständnis ist zyklisch, für die Indoeuropäer wiederholt sich die Geschichte stets von Neuem.
VI. Der Hinduismus, der Buddhismus und die griechische Philosophie sind indoeuropäischen Ursprungs.
VII. Die Völker glauben an Seelenwanderung und Wiedergeburt.
VIII. Man erlangt sein Seelenheil durch Askese und Meditation.
IX. Interesse an der Zukunft der Welt, die Schauplatz des ewigen Kampfs zwischen Gut und Böse ist.
I
II
III
IV
V
VI
VII
VIII
IX
DIE INDO-EUROPÄISCHEN WURZELN

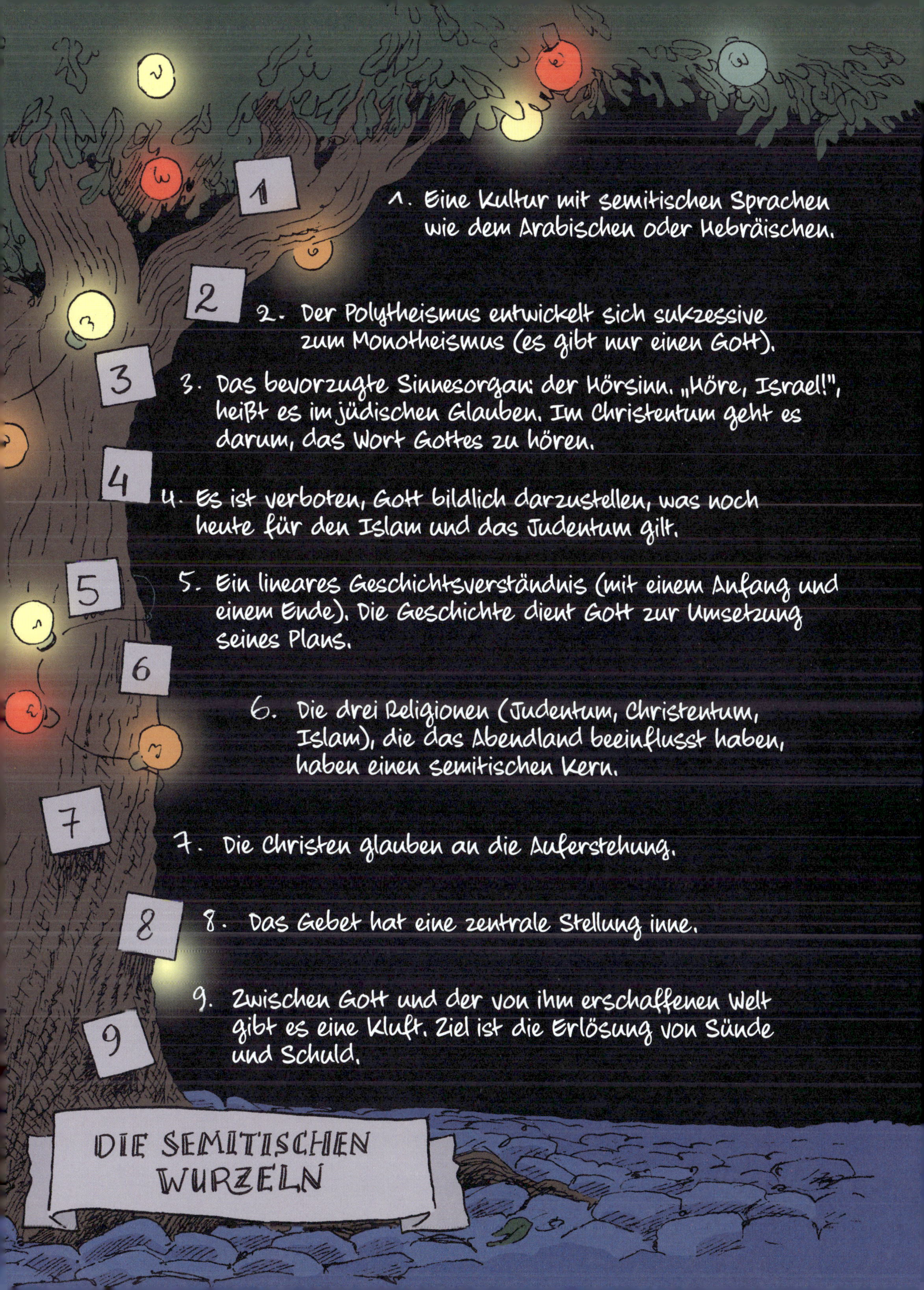
1
1. Eine Kultur mit semitischen Sprachen wie dem Arabischen oder Hebräischen.
2
2. Der Polytheismus entwickelt sich sukzessive zum Monotheismus (es gibt nur einen Gott).
3
3. Das bevorzugte Sinnesorgan: der Hörsinn. „Höre, Israel!", heißt es im jüdischen Glauben. Im Christentum geht es darum, das Wort Gottes zu hören.
4
4. Es ist verboten, Gott bildlich darzustellen, was noch heute für den Islam und das Judentum gilt.
5
5. Ein lineares Geschichtsverständnis (mit einem Anfang und einem Ende). Die Geschichte dient Gott zur Umsetzung seines Plans.
6
6. Die drei Religionen (Judentum, Christentum, Islam), die das Abendland beeinflusst haben, haben einen semitischen Kern.
7
7. Die Christen glauben an die Auferstehung.
8
8. Das Gebet hat eine zentrale Stellung inne.
9
9. Zwischen Gott und der von ihm erschaffenen Welt gibt es eine Kluft. Ziel ist die Erlösung von Sünde und Schuld.
DIE SEMITISCHEN WURZELN

KOMM!
KNARR
ZUR ZEIT JESU WARTETEN VIELE JUDEN AUF DIE ANKUNFT EINES NEUEN MESSIAS, EINES BEFREIERS ...
... DER DEM LEID, DAS DEN JUDEN VON DEN RÖMERN AUFGEBÜRDET WORDEN WAR, EIN ENDE BEREITEN SOLLTE.
JESUS ZIEHT IN JERUSALEM EIN UND LÄSST SICH ZUM ERLÖSER AUSRUFEN, ABER BALD SCHON ZEIGT SICH, DASS ER KEIN MILITÄRISCHER AUFRÜHRER IST.
ER VERKÜNDET ALLEN MENSCHEN GOTTES HEIL UND VERGEBUNG. ER FORDERT MENSCHEN AUF, IHRE FEINDE ZU LIEBEN. DAS WAR DAMALS REVOLUTIONÄR!

ER SPRICHT GOTT MIT „VATER" AN. UND IM GEGENSATZ ZU DEM, WAS VIELE GRIECHEN GLAUBTEN, SAGT ER:
„WIR SIND NICHT IN DER LAGE, UNS SELBST ZU ERLÖSEN. WIR MÜSSEN GOTT DARUM BITTEN UND UM VERGEBUNG ERSUCHEN."
DIESE FRIEDENSBOTSCHAFT WAR NICHT IM INTERESSE DER MÄCHTIGEN. UND WIE SOKRATES MUSSTE JESUS FESTSTELLEN, DASS ES GEFÄHRLICH IST, SICH GEGEN SIE ZU STELLEN. SO ENDET ER SCHLIEßLICH AM KREUZ.
IN DER STUNDE SEINES TODES SPRICHT JESUS DAVON …
… ALLE SÜNDEN DER WELT AUF SICH ZU NEHMEN, UM UNS MIT GOTT ZU VERSÖHNEN.
KURZ DARAUF WIRD ER AUFERSTEHEN. DARIN SEHEN DIE GLÄUBIGEN EIN ZEICHEN DAFÜR, DASS ER GOTTES MENSCHGEWORDENER SOHN IST.
DER OSTERMORGEN IST DIE WIEGE DER CHRISTLICHEN KIRCHE.
UND AUFGEPASST, JETZT GING ES NICHT MEHR UM DIE UNSTERBLICHKEIT DER SEELE ODER UM WIEDERGEBURT, SONDERN UM DIE AUFERSTEHUNG DES FLEISCHES.
DAS CHRISTENTUM GEHT DAVON AUS, DASS WIR DURCH GOTTES WUNDER VOM BÖSEN ERLÖST WERDEN.
KURZ NACH JESU TOD REIST PAULUS – FRISCH KONVERTIERT – DURCH DIE GRIECHISCHE WELT, UM DIE CHRISTLICHE BOTSCHAFT ZU VERKÜNDEN.
MYSIEN
PHRYGIEN
GALATIEN
ASIEN
ACHAIA
PAMPHYLIE
KILIKIEN
KRETA
ZYPERN
MITTELMEER

DANK DER BRIEFE, DIE DER APOSTEL PAULUS AN CHRISTLICHE GEMEINDEN GERICHTET HAT, KENNEN WIR SEINE ZIELE.
SO REIST ER EINES TAGES NACH ATHEN UND DISKUTIERT MIT EPIKUREERN UND STOIKERN. ER BEGIBT SICH ZUR AGORA, AUF DEN AREOPAG, UM ETWAS VÖLLIG ANDERES ZU PREDIGEN ALS DIE PHILOSOPHEN SEINER ZEIT.
ER SPRICHT VON EINEM PERSÖNLICHEN GOTT, DER ZU DEN MENSCHEN HERABSTEIGT, UM SIE ZU ERLÖSEN.
IN DEN GROßEN GRIECHISCHEN UND RÖMISCHEN STÄDTEN – ATHEN, ROM, ALEXANDRIA TROAS, EPHESOS, KORINTH – VERKÜNDET PAULUS GOTTES WORT.
UND UNTER SEINEN ZUHÖRERN BILDEN SICH DIE ERSTEN CHRISTLICHEN GEMEINDEN HERAUS.
INNERHALB WENIGER JAHRHUNDERTE WIRD DIE GANZE GRIECHISCH-RÖMISCHE WELT CHRISTIANISIERT.
MIT DER AUSBREITUNG DES CHRISTENTUMS STOßEN ZWEI KULTUREN AUFEINANDER, ES IST EIN ENTSCHEIDENDER WENDEPUNKT IN UNSERER GESCHICHTE.
LANGSAM, ABER SICHER KEHREN DIE MENSCHEN DER ANTIKE DEN RÜCKEN ZU.

DONG DONG
DONG
DONG
VIER UHR MORGENS. KOMMEN WIR ZUM MITTEL-ALTER!
KLICK
KNARR
MIT DEN ERSTEN GRIECHISCHEN PHILO-SOPHEN DECKEN WIR ETWA 1000 JAHRE DER GESCHICHTE AB.
WENN EINE STUNDE 100 JAHREN ENT-SPRICHT ...
... STEHEN WIR JETZT AM BEGINN DES CHRIST-LICHEN MITTELALTERS, DAS WIEDERUM 1000 JAHRE DAUERN WIRD.

SAGEN WIR, JESUS KOMMT UM MITTERNACHT ZUR WELT. PAULUS BEGINNT KURZ VOR HALB EINS ZU PREDIGEN UND STIRBT EINE VIERTELSTUNDE – ALSO 25 JAHRE – SPÄTER.
BIS CA. DREI UHR IST DIE CHRISTLICHE KIRCHE MEHR ODER WENIGER VERBOTEN, ABER IM JAHR 313, UNTER KAISER KONSTANTIN, WIRD DAS CHRISTENTUM IM RÖMISCHEN REICH ANERKANNT.
0
900
300
600
IM JAHR 330 VERLEGT DER KAISER DIE HAUPTSTADT NACH KONSTANTINOPEL, INS NEUE ROM.
AB 380 WIRD DAS CHRISTENTUM IM RÖMISCHEN REICH ZUR OFFIZIELLEN RELIGION.
395 SPALTET DAS RÖMISCHE REICH SICH AUF: INS WESTRÖMISCHE REICH MIT ROM ALS HAUPTSTADT UND INS OSTRÖMISCHE ODER BYZANTINISCHE REICH MIT DER HAUPTSTADT KONSTANTINOPEL.
IM JAHR 529 SCHLIEßT DIE KIRCHE PLATONS AKADEMIE. ES IST EIN ZEICHEN FÜR DIE VORHERRSCHAFT DER KIRCHE ÜBER DIE GRIECHISCHE PHILOSOPHIE.
DAS BYZANTINISCHE REICH BESTEHT BIS 1453, DEM JAHR DER EROBERUNG DURCH DIE TÜRKEN. KONSTANTINOPEL WIRD ZU ISTANBUL.

DER BEGRIFF MITTELALTER WURDE ERST IN DER RENAISSANCE GEPRÄGT.
ZWISCHEN DEN ZWEI EPOCHEN ANTIKE UND RENAISSANCE LIEGT EIN GROßER ZEITSPRUNG.
HUUUI!!
WARUM GEHEN WIR HIER RUNTER?
VOLL GRUSELIG.
DAS MITTELALTER GILT VIELEN ALS EINE EINZIGE LANGE NACHT. OFT IST DIE WAHRNEHMUNG EINE NEGATIVE.
AUCH WENN DAS REICHLICH ÜBERTRIEBEN IST.
PUFF
ALBERTO?
ALBERTO, DAS MIT DER „LANGEN NACHT" HAB ICH KAPIERT. KÖNNTEN WIR JETZT DAS LICHT WIEDER ANMACHEN?

UUH!
VIELLEICHT WAR DAS DOCH KEINE SO GUTE IDEE!
DAS CHRISTENTUM HAT LANGE GEBRAUCHT, UM IN DIE TIEFEREN SCHICHTEN DER BEVÖLKERUNG VORZUDRINGEN, UND VIELE HEIDNISCHE VORSTELLUNGEN BLIEBEN IM UMLAUF, ABER AM ENDE HAT SICH SEINE WELTSICHT DURCHGESETZT.

WAR DIE ZEIT WIRKLICH SO DÜSTER?
IN DEN ERSTEN JAHRHUNDERTEN SCHON, EIN WAHRER NIEDERGANG.
DIE RÖMERZEIT WAR EIN GLÜCKSFALL FÜR DIE KULTUR, ABER ZU BEGINN DES MITTELALTERS GING ALLES DEN BACH RUNTER.
DEN
BACH
RUNTER
ES KOMMT WIEDER ZUM TAUSCHHANDEL, ZU DEM, WAS MAN „FEUDALISMUS" NENNT. DAMIT GEHT EIN STARKER BEVÖLKERUNGSRÜCKGANG EINHER. IM JAHR 600 HAT ROM BLOß NOCH 40000 EINWOHNER, SEINE EINSTIGE GRÖßE IST NUR MEHR EINE BLASSE ERINNERUNG.
TAUSCHHANDEL
FEUDALISMUS
BEVÖLKERUNGSRÜCKGANG
?!
SAGEN SIE, IST DAS NORMAL, DASS DIE TOTEN FLÜSTERN?
SEIT WIR DIESES ABENTEUER BEGONNEN HABEN, IST NICHTS MEHR SO GANZ NORMAL. HAST DU DAS NICHT GEMERKT?
DOCH.
ABER MANCHE MERKWÜRDIGKEITEN SIND WENIGER NETT ALS ANDERE.

DIE GRIECHISCHE PHILOSOPHIE IST GRÖẞTENTEILS VERGESSEN, AUCH WENN MAN SICH AN EINZELNE SCHRIFTEN VON PLATON UND ARISTOTELES ERINNERT.
Platon
Aristoteles
LATEINISCHE SPRACHE
DAS RÖMISCHE REICH TEILT SICH IN DREI KULTURRÄUME AUF.
ARABISCHE SPRACHE
IN NORDAFRIKA UND IM NAHEN OSTEN ERBLÜHT DIE ARABISCHSPRACHIGE MUSLIMISCHE KULTUR.
GRIECHISCHE SPRACHE
IM WESTEN DIE LATEINISCHSPRACHIGE CHRISTLICHE KULTUR MIT DER HAUPTSTADT ROM.
IM OSTEN DIE GRIECHISCH-SPRACHIGE CHRISTLICHE KULTUR MIT DER HAUPTSTADT KONSTANTINOPEL.
IM JAHR 632 STIRBT MOHAMMED, DER NAHE OSTEN UND NORDAFRIKA SCHLIEẞEN SICH DEM ISLAM AN.
ES MUSS NOCH ERWÄHNT WERDEN, DASS DIE ARABER DIE HELLENISTISCHE STADT ALEXANDRIA EROBERN UND AUF DIESE WEISE EINEN GROẞTEIL DER GRIECHISCHEN WISSENSCHAFT ABSORBIEREN.
SO SPIELEN DIE ARABER IM MITTELALTER EINE MAẞGEBLICHE ROLLE IN DER WISSENSCHAFT!
BRRZ
IN MATHEMATIK!
CHEMIE UND ASTRONOMIE.
MEDIZIN.

BEDEUTET DAS WIRKLICH DAS AUS FÜR DIE GRIECHISCHE PHILOSOPHIE?
IM WESTEN IST DER ZUGANG ZU DEN TEXTEN DER GRIECHEN BEGRENZT.
PLATON KENNT MAN VORNEHMLICH DANK DES NEUPLATONISMUS. SELTEN LIEST MAN DIREKT SEINE WERKE, DENN NUR WENIGE MENSCHEN KÖNNEN NOCH ALTGRIECHISCH.
UND VON ARISTOTELES KENNT MAN NUR DIE WERKE ZUR LOGIK.
IN DER ARABISCHEN WELT HINGEGEN LESEN DIE GELEHRTEN GRIECHISCH. ARISTOTELES' WERKE SIND IM UMLAUF UND SOGAR ÜBERSETZT.
DIE CHRISTLICHEN PHILOSOPHEN DES MITTELALTERS GLAUBEN AN DIE EXISTENZ GOTTES ALS EINZIGEM SCHÖPFER DER WELT.
DAS STELLEN SIE NICHT INFRAGE.
DIE FRAGE WAR LEDIGLICH, OB MAN AN DIE CHRISTLICHE OFFENBARUNG GLAUBEN MUSSTE ODER OB MAN DIE CHRISTLICHEN WAHRHEITEN AUCH MIT DER VERNUNFT ERFASSEN KONNTE.
SIND GLAUBE UND WISSEN MITEINANDER VEREINBAR?
DIE BIBEL UND DIE VERNUNFT?
AAH
GLAUBE?
AAAAAAAAAH
VERNUNFT?
WISSEN?
OFFENBARUNG?
WEIẞT DU DIE ANTWORT, SOFIE?

PFF
PFF
RHH
...
OKAY, ALBERTO, DIESE NÄCHTLICHEN BEGEGNUNGEN SIND JA GANZ NETT, ABER VIELLEICHT SOLLTEN WIR KÜNFTIG FÜR EINE WENIGER SCHAURIGE UMGEBUNG SORGEN.
ODER?
ALBERTO?

CHRISTE, ELEISON. CHRISTE, ELEISON. KYRIE, ELEISON. KYRIE, ELEISON.
CHRISTE, AUDI NOS. CHRISTE, AUDI NOS. CHRISTE, EXAUDI NOS. CHRISTE, EXAUDI NOS. PATER DE COELIS, DEUS ...
WAHN-SINN!
MISERERE NOBIS. FILI, REDEMPTOR ...
... MU
S.
DAS IST AUGUSTINUS.
AAH
ALBERTO! ICH FRAGE MICH, OB SIE MIR MYSTERIÖS UND UN-SICHTBAR NICHT LIEBER WAREN ...
HM

9.

Der heilige Augustinus
Averroes
Der heilige Thomas von Aquin

CHRISTE ELEISON. KYRIE ELEISON. KYRIE
AUGUSTINUS IST EINER DER KIRCHENVÄTER. ER LEBTE VON 354 BIS 430 N. CHR.
SEIN LEBEN VEREINIGT IN SICH DEN ÜBERGANG VON DER ANTIKE ZUM MITTELALTER. ER WAR NICHT VON ANFANG AN CHRIST. ERZOGEN IN DER RÖMISCHEN KULTUR, WAR ER ZUNÄCHST MANICHÄER. FÜR DIE MANICHÄER IST DIE WELT IN ZWEI PRINZIPIEN AUFGETEILT: GUT UND BÖSE, LICHT UND FINSTERNIS.
ER MEINTE, DER MENSCH KÖNNE SICH DANK SEINES GEISTES ÜBER DEN STOFF ERHEBEN UND DADURCH SEINE SEELE ERLÖSEN.
DAS SEELENHEIL IST NICHT ZU UNTERSCHÄTZEN, SOFIE.
ICH WAR AUCH VON DER FRAGE BESESSEN, WOHER DAS BÖSE RÜHRT. IN DIESER FRAGE WURDE ICH VON DEN STOIKERN BEEINFLUSST, FÜR DIE ES ZWISCHEN GUT UND BÖSE KEINE GRENZE GIBT.
KK
KRR
KRR
DOCH HAT MICH INSBESONDERE DER NEUPLATONISMUS GEPRÄGT. ERST DADURCH HABE ICH BEGRIFFEN, DASS ALLES GÖTTLICHER NATUR IST.
WOW!
KRR
KR
SCHLIEẞLICH HAT SICH AUGUSTINUS ZUM CHRISTENTUM BEKEHRT, STAND ABER WEITERHIN UNTER DEM EINFLUSS PLATONISCHER GEDANKEN. DAHER GIBT ES KEINEN ECHTEN BRUCH MIT DER GRIECHISCHEN PHILOSOPHIE.
KRR
DAS STIMMT.
KRR

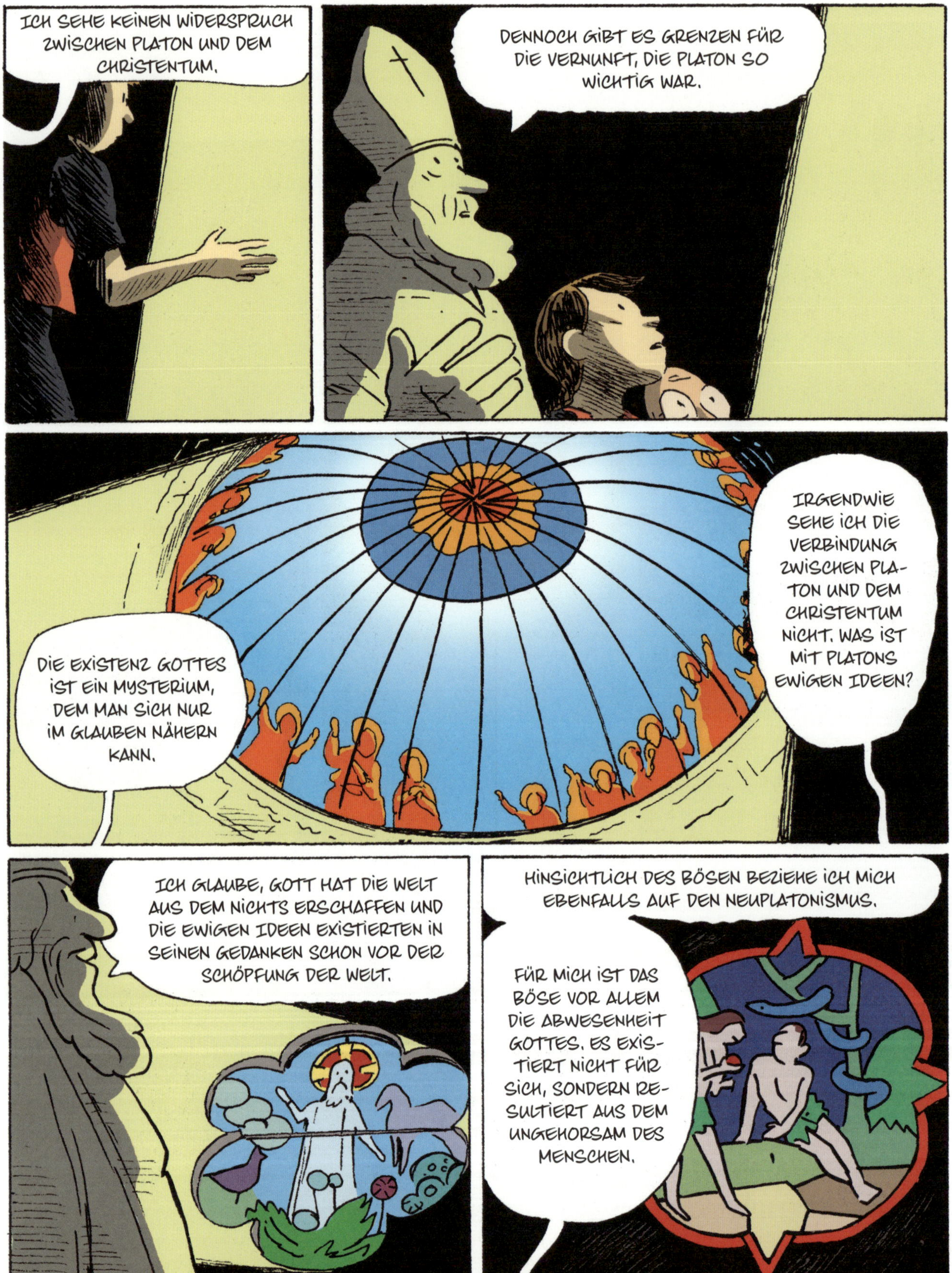
ICH SEHE KEINEN WIDERSPRUCH ZWISCHEN PLATON UND DEM CHRISTENTUM.
DENNOCH GIBT ES GRENZEN FÜR DIE VERNUNFT, DIE PLATON SO WICHTIG WAR.
IRGENDWIE SEHE ICH DIE VERBINDUNG ZWISCHEN PLA-TON UND DEM CHRISTENTUM NICHT. WAS IST MIT PLATONS EWIGEN IDEEN?
DIE EXISTENZ GOTTES IST EIN MYSTERIUM, DEM MAN SICH NUR IM GLAUBEN NÄHERN KANN.
ICH GLAUBE, GOTT HAT DIE WELT AUS DEM NICHTS ERSCHAFFEN UND DIE EWIGEN IDEEN EXISTIERTEN IN SEINEN GEDANKEN SCHON VOR DER SCHÖPFUNG DER WELT.
HINSICHTLICH DES BÖSEN BEZIEHE ICH MICH EBENFALLS AUF DEN NEUPLATONISMUS.
FÜR MICH IST DAS BÖSE VOR ALLEM DIE ABWESENHEIT GOTTES. ES EXIS-TIERT NICHT FÜR SICH, SONDERN RE-SULTIERT AUS DEM UNGEHORSAM DES MENSCHEN.

UND WAS IST MIT DER UNSTERBLICHKEIT DER SEELE?
ICH GLAUBE, KEIN MENSCH VERDIENT GOTTES ERLÖSUNG.
UND DOCH HAT GOTT BESCHLOSSEN, MANCHE MENSCHEN VOR DER EWIGEN VERDAMMNIS ZU BEWAHREN. ER WEIß GENAU, WER ERLÖST WIRD UND WER NICHT.
WOMIT WIR WIEDER BEI DER ALTEN SCHICKSALSGLÄUBIGKEIT WÄREN.
KRR
GEWISS, ABER ICH ENTBINDE DEN MENSCHEN NICHT VON JEGLICHER VERANTWORTUNG. WIR MÜSSEN ANHAND UNSERES EIGENEN LEBENS ERKENNEN, OB WIR ZU DEN AUSERWÄHLTEN GEHÖREN.
WIE UNGERECHT! LAUT PLATON HABEN ALLE MENSCHEN DIE GLEICHEN CHANCEN, WEIL SIE ÜBER DIE GLEICHE VERNUNFT VERFÜGEN.
UND SIE BEHAUPTEN JETZT, DIE MENSCHHEIT SEI IN ZWEI GRUPPEN GETEILT: EINE GRUPPE WIRD ERLÖST, DIE ANDERE NICHT.
HAST DU MEIN BUCH VOM GOTTESSTAAT GELESEN?
NEIN.
FÜR MICH LÄUFT ALLES AUF EINEN KAMPF ZWISCHEN DEM GOTTESSTAAT UND DEM IRDISCHEN STAAT HINAUS.

DEN GLEICHEN KAMPF FICHT JEDER MENSCH AUS.
Der Teufel reicht Augustinus das Buch der Laster
BRR
DER GOTTESSTAAT ZEIGT SICH IN DER KIRCHE, DER IRDISCHE STAAT IN DER POLITISCHEN ORDNUNG DES RÖMISCHEN REICHES. DAHER WERDEN WIR DAS GANZE MITTELALTER HINDURCH EINEM MACHTKAMPF ZWISCHEN STAAT UND KIRCHE BEIWOHNEN.
ÜBRIGENS IST DER HEILIGE AUGUSTINUS DER ERSTE PHILOSOPH, DER DIE GESCHICHTE IN SEINE ÜBERLEGUNGEN EINBEZIEHT.
ER HAT EIN LINEARES GESCHICHTSVERSTÄNDNIS, WIE WIR ES IM ALTEN TESTAMENT FINDEN. DIE GESCHICHTE IST DAFÜR DA, DEN MENSCHEN ZU ERLÖSEN UND DAS BÖSE ZU BESIEGEN.
DIE VORSEHUNG BESTIMMT DIE MENSCHHEITSGESCHICHTE VON ADAM BIS ZUM ENDE DER WELT. SO WIE EIN MENSCH ALLMÄHLICH VOM KIND ZUM GREIS REIFT.

DONG DONG DONG
ACHT UHR ...
SCHON?
ALBERTO, ICH MUSS BALD LOS, SONST MERKEN JORUNNS ELTERN, DASS ICH NICHT BEI IHR ÜBERNACHTET HABE.
SETZEN WIR UNS DOCH NOCH KURZ NACH DRAUßEN, DAMIT DU DICH EIN BISSCHEN ERHOLEN UND DAS GANZE WISSEN VERDAUEN KANNST.
ES IST ACHT UHR, SEIT AUGUSTINUS SIND ALSO VIER JAHRHUNDERTE VERGANGEN. NUN BEGINNT EIN LANGER TAG.

BIS UM ZEHN – IM JAHR 1000 N. CHR. – HABEN KLÖSTER DAS UNTERRICHTSMONOPOL.
ZWISCHEN ZEHN UND ELF UHR WERDEN DIE ERSTEN DOMSCHULEN GEGRÜNDET UND GEGEN ZWÖLF UHR – IM JAHR 1200 – DIE ERSTEN UNIVERSITÄTEN.
AM WICHTIGSTEN IST ABER EIN FÜR UNS PHILOSOPHEN BEDEUTSAMES EREIGNIS IM HOCHMITTELALTER.
DIE ARABER IN SPANIEN ÜBEN NUNMEHR EINEN GROßEN EINFLUSS AUF DIE PHILOSOPHIE AUS.
MAN MUSS NÄMLICH WISSEN, DASS WIR DIE WIEDERENTDECKUNG ARISTOTELES' IN DER WESTLICHEN WELT EINEM ARABISCHEN PHILOSOPHEN AUS CÓRDOBA VERDANKEN.
DIE REDE IST VON IBN RUSCHD. SEIN LATEINISCHER NAME: AVERROES.

ER ERWEIST UNS DIE GNADE SEINER ANWESENHEIT.
AVERROES KOMMT 1126 IN SPANIEN ZUR WELT UND STIRBT 1198 IN MAROKKO. MIT IHM GELANGT DIE PHILOSOPHIE DER ANTIKE NACH SPANIEN UND WIRD SICH ANSCHLIEßEND IN DER GANZEN WESTLICHEN WELT VERBREITEN.
ER IST EIN WICHTIGER MANN. ZUERST IST ER RICHTER, DANN WIRD ER ZU DEM, WAS EINEM HEUTIGEN JUSTIZMINISTER ENTSPRICHT.
DA ER AUCH ARZT IST, INTERESSIERT ER SICH ZUNÄCHST FÜR ARISTOTELES' WISSENSCHAFTLICHE SCHRIFTEN. EINES TAGES BITTET IHN SEIN KALIF, IHM DAS WERK „ÜBER DIE SEELE" DES GROßEN PHILOSOPHEN ZU ERKLÄREN.
A
HABEN SIE EXTRA BILDER IN EIN KLEINES HEFT GEKLEBT?
ICH VERSUCHE MICH ALS PÄDAGOGE ...
ARISTOTELES ÜBER DIE SEELE
ANDERS ALS DIE MENSCHEN DER WESTLICHEN WELT HABEN DIE GEBILDETEN ARABER DAMALS DANK MEHR ODER WENIGER GUTER ÜBERSETZUNGEN ZUGANG ZU DEN ANTIKEN TEXTEN.
Bibliothek
UND AVERROES WIRD FÜR ARISTOTELES EINE WAHRE LEIDENSCHAFT ENTWICKELN.

ER WIRD PHILOSOPHISCHE KOMMENTARE HERAUSGEBEN – KÜRZERE, MITTLERE UND GRÖßERE.
ICH GREIFE GERN EIN PAAR ZENTRALE IDEEN SEINER PHILOSOPHIE HERAUS.
ER INTERESSIERT SICH AM MEISTEN FÜR DIE FRAGE NACH DEM URSPRUNG DES MENSCHEN.
LAUT AVERROES BEHAUPTET ARISTOTELES, NICHTS ENTSTEHE AUS DEM NICHTS, WEDER FORM NOCH STOFF SEIEN ERSCHAFFEN WORDEN, DIE BEWEGUNG SEI EWIG UND HALTE AN!
DAS IST DIE THEORIE VON DER EWIGKEIT DER MATERIE.
EBENSO MEINTE ER, UNSTERBLICHKEIT SEI EIN ATTRIBUT DER GATTUNG UND NICHT DES EINZELNEN.
ICH DENKE TATSÄCHLICH, DASS DIE EINZELNE SEELE VERGÄNGLICH IST!
ICH DENKE, DASS WIR TEIL EINES GROßEN GANZEN SIND, EINES UNSTERBLICHEN UNIVERSELLEN GEISTES. BEI UNSERER GEBURT DRINGT DER GEIST IN UNS EIN. BEI UNSEREM TOD KEHRT ER INS UNIVERSUM ZURÜCK.
GOTT INTERESSIERT SICH NICHT FÜR DAS SCHICKSAL EINZELNER MENSCHEN, SONDERN FÜR DIE ALLGEMEINE WELTORDNUNG.

DIESE UNTERSCHEIDUNG BRINGT AVERROES DAZU, VERNUNFT UND GLAUBEN RADIKAL ZU TRENNEN.
ICH WILL ABER BETONEN, DASS DIE BEIDEN NICHT UNVEREINBAR SIND, DENN „EINE WAHRHEIT KANN EINER ANDEREN WAHRHEIT NICHT WIDERSPRECHEN".
UM SICH DEM GLAUBEN ZU NÄHERN, STÜTZT ER SICH ZUNÄCHST AUF DIE LOGIK.
DAS IST UNGEHEUERLICH UND LÖST EINEN SKANDAL AUS! INSBESONDERE BEI THOMAS VON AQUIN, DER GLAUBE UND WISSENSCHAFT MITEINANDER ZU VEREINBAREN SUCHT.
AVERROES DENKT, DIE WELT SEI NICHT GEMÄß DER DAMALIGEN VORSTELLUNG ENTSTANDEN, MIT ADAM UND EVA, DEM GARTEN EDEN UND SO WEITER.
DIE WELT KENNT KEINEN ANFANG.
GOTT DENKT NICHT WIE DU UND ICH. ES GIBT KEINEN SCHÖPFUNGSMOMENT DER WELT.
DIESER GEDANKE IST EIN SCHOCK, FÜR DIE ISLAMISCHE WELT WIE FÜR DIE CHRISTLICHE, UND AVERROES IST KEIN SCHÖNES LEBENSENDE VERGÖNNT. ABER HEUTE WIRD SEINE PHILOSOPHIE WIEDERENTDECKT!
DER ISLAM DES IBN RUSCHD IST GEPRÄGT VOM WUNSCH NACH VERSÖHNUNG ZWISCHEN PHILOSOPHIE UND OFFENBARUNG, ARISTOTELES UND MOHAMMED.

IN DER CHRISTLICHEN WELT FÜHRT DIE VON AVERROES AUFGEWORFENE POLEMIK, ABER AUCH DAS INTERESSE FÜR DIE NATURWISSENSCHAFTEN ZU DER HEIKLEN FRAGE:
WANN SOLLTE MAN AUF DIE PHILOSOPHIE HÖREN UND WANN SICH STRENG AN DIE BIBEL HALTEN?
THOMAS VON AQUIN WIRFT AVERROES VOR, DIE UNSTERBLICHKEIT UND DEN GEIST DER INDIVIDUELLEN SEELE ZUGUNSTEN EINES EINZIGEN GEISTES FÜR ALLE MENSCHEN ZU LEUGNEN.
IN DER FOLGE BEKÄMPFT ER DIE AVERROISTEN VEHEMENT!
Heiliger Thomas von Aquin
THOMAS VON AQUIN WIRD SELBST VERSUCHEN, SICH DES DILEMMAS DER TRENNUNG VON PHILOSOPHIE, WISSENSCHAFT UND RELIGION ANZUNEHMEN.
ER HAT VON 1225 BIS 1274 GELEBT.

HTVONA
ICH BEZEICHNE IHN ALS PHILOSOPHEN, ABER ICH KÖNNTE GENAUSO GUT THEOLOGE SAGEN, DENN DAMALS LÄSST SICH DAS KAUM AUSEINANDERHALTEN.
HIER BIN ICH!
SO WIE MAN SAGEN KANN, AUGUSTINUS HABE PLATON CHRISTIANISIERT, KANN MAN AUCH SAGEN, THOMS VON AQUIN HABE ARISTOTELES CHRISTIANISIERT. ER STREBT NACH DER VEREINBARKEIT VON GLAUBEN UND WISSEN.
ER BETRACHTET ARISTOTELES' PHILOSOPHIE ALS WICHTIGSTE QUELLE, UND NIMMT IHN BEIM WORT.
ARISTOTELES
BUCHSTÄBLICH! HI HI!
EXAKT!
WIE DU SIEHST, SOFIE, FÜHREN ZWEI WEGE ZU GOTT: DER GLAUBE ÜBER DIE OFFENBARUNG UND DIE VERNUNFT ÜBER UNSERE SINNE.
GOTT
ICH HALTE DEN WEG ÜBER DEN GLAUBEN FÜR SICHERER. MAN VERIRRT SICH LEICHT, WENN MAN SEINER VERNUNFT VERTRAUT.
GLAUBE

DANK UNSERER VERNUNFT UND DER BEOBACHTUNGEN UNSERER SINNE KÖNNEN WIR EINEN TEIL DER WAHRHEIT ERKENNEN, BEISPIELSWEISE BEI DER BESCHREIBUNG DES TIER- UND PFLANZENREICHS.
UND MIT DER BIBEL OFFENBART GOTT UNS EINEN ANDEREN TEIL DER WAHRHEIT.
ARISTOTELES SETZTE DIE EXISTENZ GOTTES VORAUS – ODER ZUMINDEST EINE ERSTE URSACHE, DIE ALLE NATURPROZESSE ANSTÖßT.
ER BLEIBT UNS ABER EINE PRÄZISE BESCHREIBUNG SCHULDIG. HIER MÜSSEN WIR UNS AN DIE BIBEL HALTEN.
ARISTOTELES HAT UNS EINE AUFSTEIGENDE SKALA DES LEBENS PRÄSENTIERT, VON DEN PFLANZEN ÜBER DIE TIERE …
… BIS HIN ZUM MENSCHEN.

DIE HABE ICH NUN AUF DIE CHRISTLICHE THEOLOGIE ANGEWANDT.
GANZ OBEN THRONT GOTT.
OH?!
DANN KOMMEN DIE ENGEL.
UND DIE MENSCHEN.
?
ÄH …
HEILIGER THOMAS?
NEIN, ICH BIN'S NUR.

NA GUT, JETZT WEIß ICH EIN BISSCHEN MEHR ÜBER THOMAS VON AQUIN!
ICH FÜRCHTE, ER HAT DIR NICHT ALLES ERZÄHLT.
BEDAUERLICHERWEISE HAT THOMAS VON AQUIN NÄMLICH ARISTOTELES' FRAUENBILD ÜBERNOMMEN ...
AUßERDEM STEHT IN DER BIBEL, DIE FRAU ENTSTAMME EINER RIPPE DES MANNES.
AH, NOCH EIN FRAUENFEIND! WURDE JA AUCH ZEIT. SONST HÄTTE MIR WAS GEFEHLT.
TJA. LAUT THOMAS VON AQUIN IST DIE FRAU DEM MANN LEDIGLICH ALS NATÜRLICHES WESEN UNTERGEORDNET. IM HIMMEL, WO GLEICHHEIT HERRSCHT, IST DIE SEELE DER FRAU DER DES MANNES EBENBÜRTIG.
UND DAS SOLL UNS TRÖSTEN? MACHT DEN ABWASCH UND SETZT KINDER IN DIE WELT, MAN WIRD ES EUCH SPÄTER DANKEN!
MINDESTENS EINE FRAU HAT SICH IM MITTELALTER JEDOCH ALS DENKERIN AUSGEZEICHNET.
JUHU!
HILDEGARD VON BINGEN. EINE DEUTSCHE NONNE, DIE KRANKE GEPFLEGT, ABER AUCH ALS NATURFORSCHERIN GEARBEITET HAT.
DANKE!
JETZT MUSS ICH ABER WIRKLICH LOS, SONST KRIEGE ICH ÄRGER.

WEIßT DU, DASS GEMÄß EINER ALTEN JÜDISCHEN UND CHRISTLICHEN VORSTELLUNG GOTT NICHT NUR MANN IST? ER HAT AUCH EINE WEIBLICHE SEITE, AUF GRIECHISCH HEIßT DIESE SEITE SOPHIA.
ODER „SOFIE", DIE WEISHEIT.
„SOFIE"?
JA!
DANN HEIßE ICH ALSO WIE DIE WEIBLICHE HÄLFTE GOTTES.

„SOFIE", WAS AUCH WEISHEIT BEDEUTET.
PURER ZUFALL, WAS?
AN DIESEN ZUFALL LÄSST MICH MEINE VERNUNFT ABER NICHT SO RECHT GLAUBEN!
SOFIE, DA BIST DU JA!
JA, ÄHM! ICH HABE EINEN SPAZIERGANG GEMACHT. EINE GROßE PORTION FRISCHLUFT AM MORGEN TUT GUT!
ALLES KLAR?
JA, ICH BIN HUNDEMÜDE, ABER ES IST SUPER GE- LAUFEN. ERZÄHL ICH DIR GLEICH.

WAS FÜR EINE NACHT!
GÄÄÄHN
ICH BIN VÖLLIG ERLEDIGT.
LEGE MICH MAL KURZ HIN.
HMMM.
HERRLICH!
??.

DER TRAUM VON HILDE
H
BUMM

?!
DER TRAUM VON ILDE
DER TRAUM VON ...
... ILDE
H...ILDE.
WER IST DIESE „HILDE"?
HALLO, SIE?!
HALLO, SIE?!

HILDE?
SIND SIE DAS?
HAT IHR VORNAME WAS MIT HILDEGARD VON BINGEN ZU TUN?
HE!
WO BIN ICH HIER?
AN IRGENDWAS ERINNERT MICH DAS.
SIE ... SIE SIND DAS MÄDCHEN AUS DEM SPIEGEL!

WER SIND SIE?
UND ICH, WER BIN ICH?
WER?!
WARUM ANTWORTEN SIE NICHT?
WARUM SAGEN SIE NICHTS?
LIEBE HILDE!
WARUM TRÄUME ICH VON DIR?
ICH KENNE DICH NICHT!!
ZACK
RHH
RHII

?
...
MEIN LEBEN IST SEIT EINIGER ZEIT GANZ KOMISCH!
HÄNGT DAS MIT DER PHILOSOPHIE ZUSAMMEN?
WARUM PASSIEREN DAUERND SO MERKWÜRDIGE DINGE, SEIT ICH DIESEN KURS BEGONNEN HABE?
WARUM?
SAG WAS!
DAS ALLES IST NICHT NORMAL, ÜBERHAUPT NICHT.

ICH WILL VERSTEHEN ...
KNACK
KNACK
UAAAH
AAH
...

HUUII!
ICH MUSS UNBEDINGT WISSEN, WAS HIER FÜR EIN SPIEL GESPIELT WIRD.
SONST SEHE ICH SCHWARZ!

WER KÖNNTE DIESES MÄDCHEN IM SPIEGEL SEIN? DIESE HILDE?
OHO, HÜBSCH!
IRGENDETWAS SAGT MIR, DASS ICH ABER ERST MAL EINE WEITERE PHILOSOPHIESITZUNG ÜBER MICH ERGEHEN LASSEN MUSS.

10.
Die Renaissance

WILLKOMMEN.
SEHR SCHICK!
DAS STEHT IHNEN BESSER ALS DIE MÖNCHS-KUTTE!
SCHÖN IST ES HIER! EIN ECHTER KONTRAST ZU DEN KATAKOMBEN.
JA. UND DOCH WERDEN DIESE BLUMEN BALD NICHT MEHR DA SEIN.
HIER AUF ERDEN IST ALLES VERGÄNGLICH. AUCH WIR.
WENN SIE DAS SO SAGEN, KLINGT ES DEPRIMIEREND UND HÖCHST DRAMATISCH.
DAS LEBEN IST AUCH DEPRIMIEREND UND DRAMATISCH, SOFIE.
DARF ICH SIE ETWAS FRAGEN, ALBERTO?
NA KLAR.
WARUM HABEN SIE SICH ZUM BRIEFESCHREIBEN IN DER HÜTTE EINQUARTIERT?
ES WAR EINFACHER, IN DEINER NÄHE ZU WOHNEN, UM DIR DIE BRIEFE NACH BEDARF EINWERFEN ZU KÖNNEN.
UND ES IST EIN SEHR GUTES VERSTECK!
AUßERDEM HABE ICH DAS GEFÜHL, NICHT ERNSTHAFT DIE WAHL GEHABT ZU HABEN. ICH MUSSTE EINFACH DORTHIN!
HMMM, SIE KONTROLLIEREN ALSO AUCH NICHT ALLES ...
NEIN. MANCHMAL HABE ICH SOGAR DAS UNANGENEHME GEFÜHL, BEOBACHTET ZU WERDEN.
ALS WÜRDE MIR JEMAND AUF SCHRITT UND TRITT FOLGEN.

ICH AUCH.
ALS WÜRDE UNS JEMAND BEI ALLEM ZUSCHAUEN ...
IMMERHIN SPIELEN WIR BEIDE IM GLEICHEN STÜCK. DAS HAT DOCH WAS, HILDE.
MEINST DU NICHT?
!?!
WIE HABEN SIE MICH GRAD GENANNT?!
BITTE?
WIE HABEN SIE MICH EBEN GENANNT?!
NA JA, SOFIE. WARUM?
NEIN! SIE HABEN HILDE GESAGT!
SCHAUEN SIE OBEN NACH!
NA, SO WAS!
SELTSAM.
DABEI KENNE ICH GAR KEINE HILDE.
GENAUSO SELTSAM IST, DASS WIR UNS SELBST NACHLESEN KÖNNEN!
DU MEINST, NACHHÖREN?
...
UND SCHEINBAR BEIDE GLEICHZEITIG. AUCH DAS IST ÄUßERST SELTSAM.
NICHTS WIE WEG VON DIESER SEITE!

HAST DU „SEITE" GESAGT?
KEINE AHNUNG!!
IN MIR SCHEINT EINE FREMDE STIMME ZU SPRECHEN!
EGAL WIE, ICH MUSS MICH WIEDER EINKRIEGEN.
GEHN WIR WEITER, SIE HABEN SICH IN IHR RENAISSANCE-KOSTÜM GEWORFEN, DAS HAT SEINEN GRUND.
WENIGE JAHRE NACH THOMAS VON AQUIN LÖSEN SICH WISSENSCHAFT UND PHILOSOPHIE NACH UND NACH VON DER KIRCHE.
IM VIERZEHNTEN UND FÜNFZEHNTEN JAHRHUNDERT SORGEN EINE NEUE WISSENSCHAFTLICHE METHODE UND EINE NEUE RELIGIÖSE ÜBERZEUGUNG FÜR ZWEI GROßE UMWÄLZUNGEN.
DIE RENAISSANCE UND DIE REFORMATION.
DIE RENAISSANCE LÄSST DIE KUNST UND KULTUR DER ANTIKE WIEDER AUFBLÜHEN. DAS PRINZIP BESTEHT IN DER RÜCKKEHR ZU DEN QUELLEN DES HUMANISMUS.
BEVOR ICH INS DETAIL GEHE, WÜRDE ICH DICH GERN MIT DEM POLITISCHEN UND KULTURELLEN HINTERGRUND VERTRAUT MACHEN.

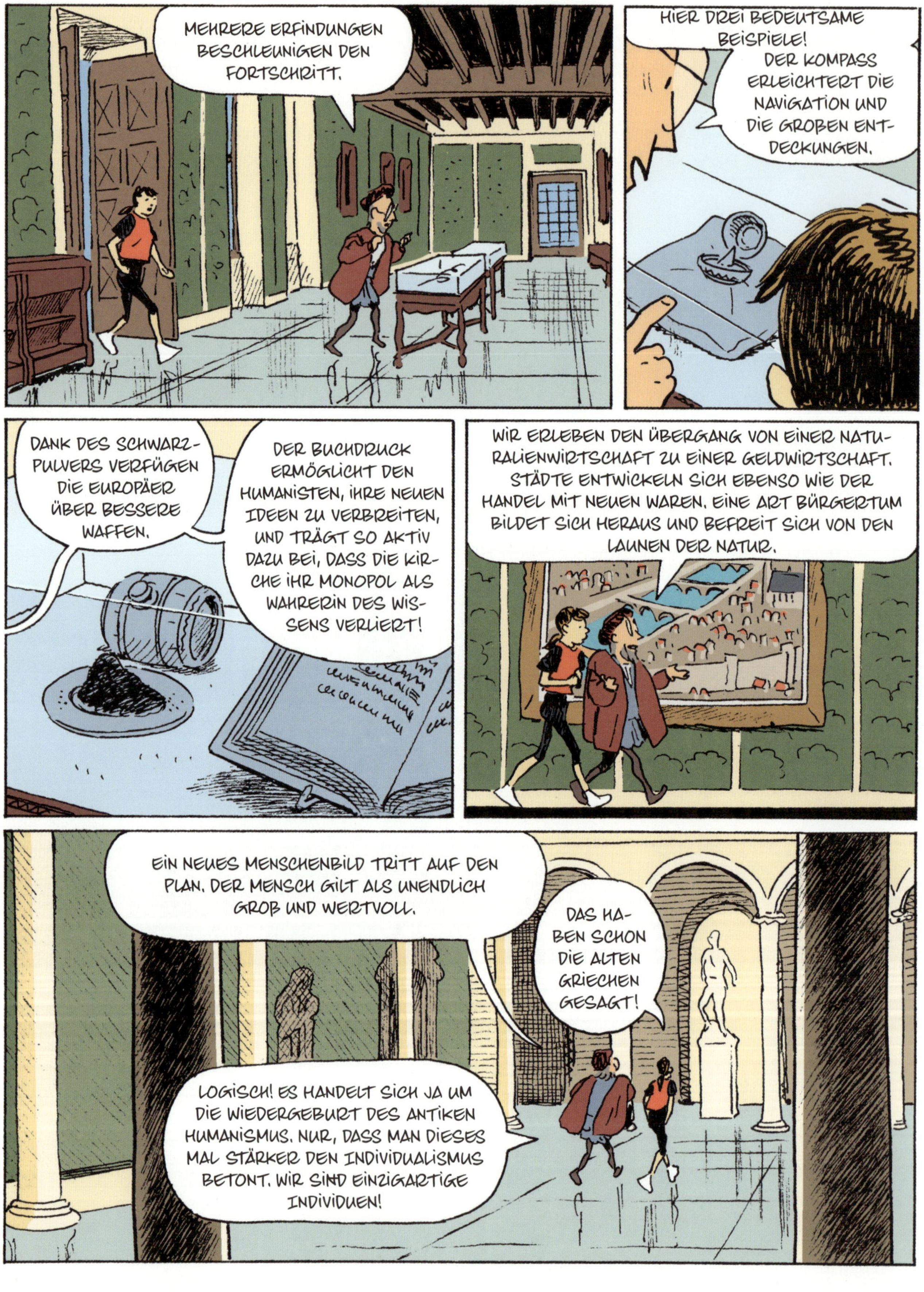
MEHRERE ERFINDUNGEN BESCHLEUNIGEN DEN FORTSCHRITT.
HIER DREI BEDEUTSAME BEISPIELE!
DER KOMPASS ERLEICHTERT DIE NAVIGATION UND DIE GROßEN ENTDECKUNGEN.
DANK DES SCHWARZPULVERS VERFÜGEN DIE EUROPÄER ÜBER BESSERE WAFFEN.
DER BUCHDRUCK ERMÖGLICHT DEN HUMANISTEN, IHRE NEUEN IDEEN ZU VERBREITEN, UND TRÄGT SO AKTIV DAZU BEI, DASS DIE KIRCHE IHR MONOPOL ALS WAHRERIN DES WISSENS VERLIERT!
WIR ERLEBEN DEN ÜBERGANG VON EINER NATURALIENWIRTSCHAFT ZU EINER GELDWIRTSCHAFT. STÄDTE ENTWICKELN SICH EBENSO WIE DER HANDEL MIT NEUEN WAREN. EINE ART BÜRGERTUM BILDET SICH HERAUS UND BEFREIT SICH VON DEN LAUNEN DER NATUR.
EIN NEUES MENSCHENBILD TRITT AUF DEN PLAN. DER MENSCH GILT ALS UNENDLICH GROß UND WERTVOLL.
DAS HABEN SCHON DIE ALTEN GRIECHEN GESAGT!
LOGISCH! ES HANDELT SICH JA UM DIE WIEDERGEBURT DES ANTIKEN HUMANISMUS. NUR, DASS MAN DIESES MAL STÄRKER DEN INDIVIDUALISMUS BETONT. WIR SIND EINZIGARTIGE INDIVIDUEN!

DAS IDEAL BESTEHT DARIN, ZU EINEM SOGENANNTEN RENAISSANCE-MENSCHEN ZU WERDEN, DER SICH FÜR ALLES INTERESSIERT, WAS MIT DEM LEBEN, DER KUNST UND DER WISSENSCHAFT ZU TUN HAT.
IST DAS VON LEONARDO DA VINCI?
JA! DEM RENAISSANCE-KÜNSTLER SCHLECHTHIN.
Der vitruvianische Mensch
Leonardo da Vinci
DIE FOLGE IST EINE NEUE LEBENSAUFFASSUNG.
DER MENSCH LEBT NICHT MEHR NUR, UM GOTT ZU DIENEN. ES GILT, DAS LEBEN IM HIER UND JETZT ZU GENIEßEN. MAN MÖCHTE VORANKOMMEN. DAS IST ANDERS ALS IM ANTIKEN HUMANISMUS, DER EHER AUF MÄßIGUNG UND SELBSTBEHERRSCHUNG AUSGERICHTET WAR.
WIR ERLEBEN AUF ALLEN GEBIETEN EINE AUßERGEWÖHNLICHE BLÜTEZEIT, OB KUNST, ARCHITEKTUR, LITERATUR, MUSIK, PHILOSOPHIE ODER WISSENSCHAFT.
DIE HUMANISTEN DER RENAISSANCE MACHEN ES SICH ALSO ZUR AUFGABE, ROM WIEDERAUFLEBEN ZU LASSEN. MIT DEM PETERSDOM NEHMEN SIE DAS GRÖßTE ARCHITEKTONISCHE PROJEKT IHRER ZEIT IN ANGRIFF!
AUCH EINE NEUE NATURAUFFASSUNG SETZT SICH DURCH.
DAS IRDISCHE LEBEN IST NICHT MEHR NUR EINE VORBEREITUNG AUF DAS HIMMLISCHE LEBEN. ZIEL IST EIN GLÜCKLICHES LEBEN IM HIER UND JETZT. DIE NATUR WIRD POSITIV GESEHEN, UND GOTT FINDET SICH ÜBERALL IN DER SCHÖPFUNG.

DAS NENNT MAN PANTHEISMUS, DIE NATUR GILT ALS GÖTTLICH.
UND DIE KIRCHE?
SIE BETRACHTET DAS ALLES MIT ARGWOHN.
KLACK
ICH, GIORDANO BRUNO, SCHEUE NICHT NUR NICHT VOR DER BEHAUPTUNG ZURÜCK, GOTT WOHNE ALLEM IN DER NATUR INNE, ...
... ICH SAGE AUCH, DAS WELTALL IST UNENDLICH. ES KENNT KEIN ZENTRUM UND KEINE ÄUßERE KREISLINIE! ES WIRD VON UNZÄHLIGEN STERNEN UND WELTEN WIE DER UNSEREN BEVÖLKERT!
HÄRETIKER!
PUFF
GIORDANO BRUNO WURDE IM JAHR 1600 AUF DEM CAMPO DE' FIORI IN ROM VERBRANNT.
DAS IST JA SCHRECKLICH!
WIE SOKRATES WURDE ER WEGEN EINER UNBEQUEMEN WAHRHEIT HINGERICHTET.
STAAT UND KIRCHE REAGIEREN AUF DIE RENAISSANCE-BEWEGUNG. SIE WOLLEN IHRE MACHT BEHAUPTEN!
MAN VERBRENNT ANGEBLICHE HEXEN.

ES KOMMT ZU RELIGIONS-KRIEGEN.
UND ZUR BRUTALEN EROBERUNG AMERIKAS.
WIE ALLE EPOCHEN HAT DER HUMANISMUS AUCH SEINE DUNKLEN SEITEN.
POK
ALBERTO, IST IHNEN AUFGEFALLEN, DASS WIR WIE DURCH EIN WUNDER ALLES SEHEN, WAS SIE ERZÄHLEN?
EIN BILD SAGT OFT MEHR ALS TAUSEND WORTE!
SCHON. ABER WIE KOMMT ES, DASS ALLE BILDER EXAKT MIT DEM ÜBEREINSTIMMEN, WAS SIE MIR ERKLÄREN?
ALS WÜRDE DIE WELT ALLES DRAN-SETZEN, MIR DIE RENAISSANCE NAHE-ZUBRINGEN!
ZUGLEICH STELLT MAN FEST ...
SEKUNDE! SAGEN SIE MAL NICHTS!
HM, KAUM SCHWEIGEN SIE, VERSCHWINDEN DIE BILDER ...

VERGISS AUCH NICHT, DASS DU BESTIMMT BIST, ALLES ZU ERTRAGEN, WAS ERTRÄGLICH UND LEIDLICH ZU MACHEN DEINE VORSTELLUNG DIE MACHT HAT, DURCH DEN GEDANKEN NÄMLICH, DASS ES DIR HEILSAM ODER DEINE PFLICHT SEI.
ICH WEIß. VON WEM WAR DAS NOCH GLEICH?
MARK AUREL, EIN STOIKER.
OKAY, ALBERTO, MACHEN WIR WEITER. WIR HABEN SOWIESO KEINE WAHL.
ICH VERSPRECHE, DASS ICH NOCH VOR DEM ENDE VON BAND EINS BEGRIFFEN HABEN WERDE, WAS DAHINTERSTECKT.
HÖRST DU? DU SPRICHST VON „BAND I".
JA, ICH WEIß. SIE BRAUCHEN NICHT NOCH EXTRA DARAUF HERUMZUREITEN!
ES KOMMT AUCH ZU EINEM NEUEN WELTBILD!

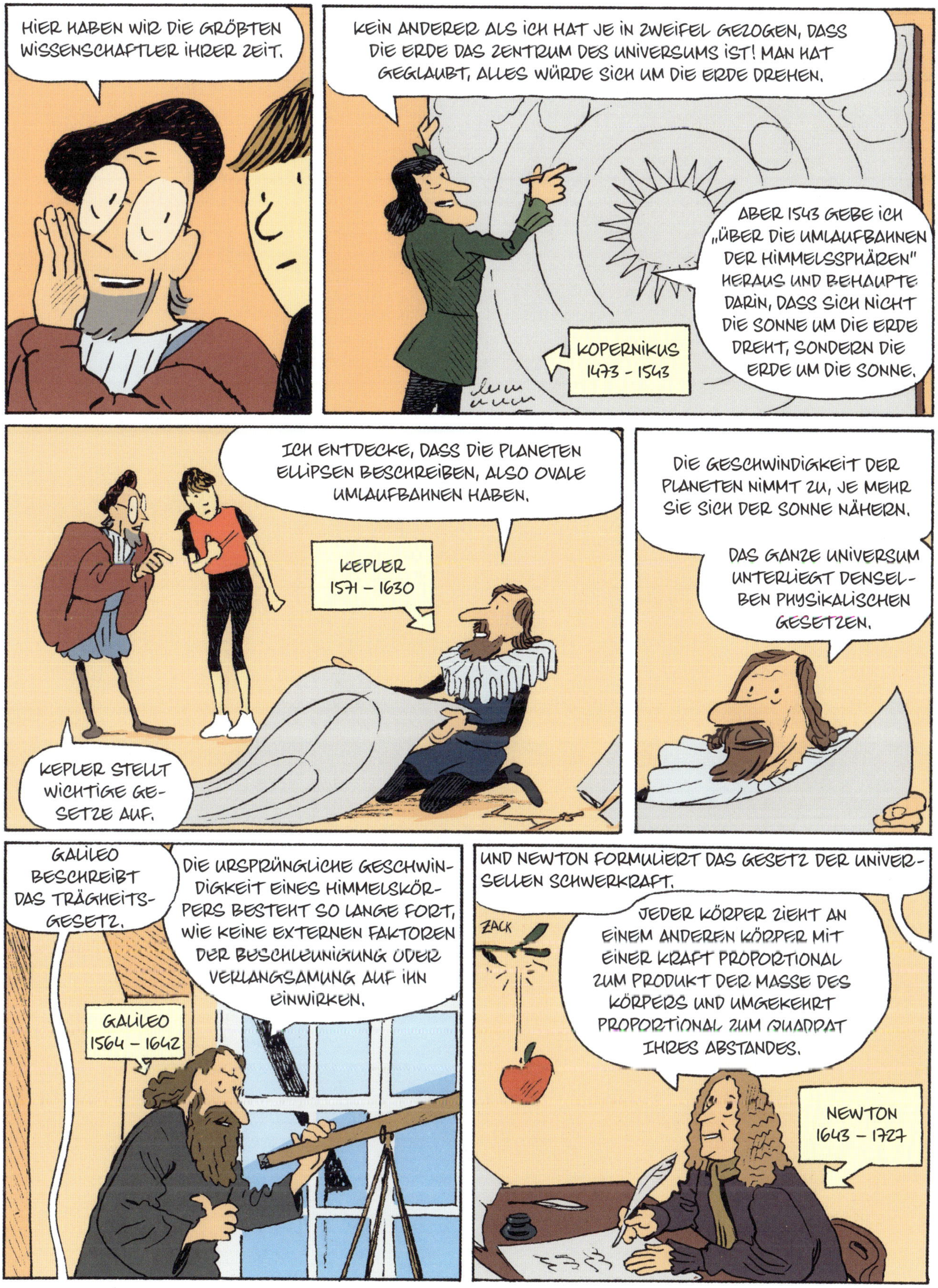
HIER HABEN WIR DIE GRÖßTEN WISSENSCHAFTLER IHRER ZEIT.
KEIN ANDERER ALS ICH HAT JE IN ZWEIFEL GEZOGEN, DASS DIE ERDE DAS ZENTRUM DES UNIVERSUMS IST! MAN HAT GEGLAUBT, ALLES WÜRDE SICH UM DIE ERDE DREHEN.
ABER 1543 GEBE ICH „ÜBER DIE UMLAUFBAHNEN DER HIMMELSSPHÄREN" HERAUS UND BEHAUPTE DARIN, DASS SICH NICHT DIE SONNE UM DIE ERDE DREHT, SONDERN DIE ERDE UM DIE SONNE.
KOPERNIKUS 1473 – 1543
ICH ENTDECKE, DASS DIE PLANETEN ELLIPSEN BESCHREIBEN, ALSO OVALE UMLAUFBAHNEN HABEN.
KEPLER 1571 – 1630
KEPLER STELLT WICHTIGE GESETZE AUF.
DIE GESCHWINDIGKEIT DER PLANETEN NIMMT ZU, JE MEHR SIE SICH DER SONNE NÄHERN.
DAS GANZE UNIVERSUM UNTERLIEGT DENSELBEN PHYSIKALISCHEN GESETZEN.
GALILEO BESCHREIBT DAS TRÄGHEITSGESETZ.
DIE URSPRÜNGLICHE GESCHWINDIGKEIT EINES HIMMELSKÖRPERS BESTEHT SO LANGE FORT, WIE KEINE EXTERNEN FAKTOREN DER BESCHLEUNIGUNG ODER VERLANGSAMUNG AUF IHN EINWIRKEN.
GALILEO 1564 – 1642
UND NEWTON FORMULIERT DAS GESETZ DER UNIVERSELLEN SCHWERKRAFT.
ZACK
JEDER KÖRPER ZIEHT AN EINEM ANDEREN KÖRPER MIT EINER KRAFT PROPORTIONAL ZUM PRODUKT DER MASSE DES KÖRPERS UND UMGEKEHRT PROPORTIONAL ZUM QUADRAT IHRES ABSTANDES.
NEWTON 1643 – 1727

ES IST ANGE-
RICHTET.
?
DIESE GANZEN ENTDECKUNGEN SIND ZIEMLICH ABSTRAKT, WAS?
KEINESWEGS, DIE AUSWIRKUNGEN SIND SEHR KONKRET!
DAS NEWTONSCHE GESETZ BESAGT, DASS DIE AN-
ZIEHUNGSKRAFT ZWISCHEN ZWEI ELEFANTEN GRÖẞER IST ALS …
… ZWISCHEN ZWEI MÄUSEN.
WARUM? WEIL IHRE JEWEILIGE MASSE GRÖẞER IST!
UND DASS DIE AN-
ZIEHUNGSKRAFT ZWISCHEN ZWEI ELEFANTEN DESSELBEN ZOOS GRÖẞER IST ALS BEI EINEM ELEFANTEN IN AFRIKA …
… UND EINEM IN INDIEN, WEIL SIE EINANDER NÄHER SIND!

AHA.
NICHT SCHLECHT, IHRE KÜCHEN-PHYSIK!
GALILEOS UND NEWTONS GESETZE KÖNNEN ERKLÄREN, WARUM DER MOND ...
... NICHT AUF DIE ERDE KRACHT!
VOR LANGER ZEIT WURDEN DIE TRÜMMER, AUS DENEN SICH DER MOND GEFORMT HAT, MIT GROSSER KRAFT LOSGESCHICKT UND HABEN SO IHRE ANFANGSGESCHWINDIG-KEIT ERHALTEN.
EINE BEWE-GUNG IN GERADER LINIE!
DA SICH DER MOND IM LUFT-LEEREN RAUM BEWEGT UND NICHT AUF WI-DERSTAND STÖßT, BEHÄLT ER SEINE GESCHWIN-DIGKEIT EWIG BEI!
DAS IST DAS VON GALILEO BESCHRIEBENE TRÄGHEITS-GESETZ.
GLEICHZEITIG BESAGT DAS NEW-TONSCHE GESETZ DER SCHWER-KRAFT, DASS SICH ZWISCHEN DEN MASSEN DER ERDE UND DES MONDES, DIE VIEL GRÖßER SIND ALS DIE EINER ARTISCHOCKE ODER EINES ELEFANTEN, ...
... EINE ENORME AN-ZIEHUNGSKRAFT ENTWICKELT!
DIE KRAFT, DIE GLEICHZEITIG ZWISCHEN MOND UND ERDE WIRKT, SORGT FÜR DIE ELLIPSE, DIE DER MOND UM DIE ERDE BESCHREIBT, WESHALB ER AUF UNBEGRENZTE ZEIT WEITERKREIST.
IM GANZEN UNIVERSUM HERR-SCHEN NUR WENIGE GESETZE.
DIESE ENTDECKUNG FEGT JEDE MENGE ÜBERZEUGUNGEN AUS DEM MITTELALTER VOM TISCH!
BUFF

DIE MENSCHHEIT MUSSTE SICH ALSO DAMIT ABFINDEN, AUF EINEM UNBEDEUTENDEN PLANETEN ZU LEBEN.
GENAU.
KNACK
EIN FÜRCHTERLICHER SCHOCK!
KAU
DER MENSCH BÜSST DEN PRIVILEGIERTEN STATUS, DEN ER IN DER SCHÖPFUNG INNEHAT, EIN.
WESHALB DIESE THEORIEN AUF ERBITTERTE GEGENWEHR DER KIRCHE STIESSEN!
DENN DIE RENAISSANCE BEGRÜNDET EIN NEUES VERHÄLTNIS ZU GOTT.
DIE BEZIEHUNG ZUR CHRISTLICHEN KIRCHE ALS INSTITUTION TRITT HINTER DIE PERSÖNLICHE BEZIEHUNG EINES JEDEN ZU GOTT ZURÜCK.
BISHER KONNTEN NUR PRIESTER UND MÖNCHE DIE BIBEL LESEN, DIE IN LATEIN VERFASST WAR. AB DER RENAISSANCE WIRD DIE BIBEL JEDOCH IN DIE VOLKSSPRACHE ÜBERSETZT.
DAS WAR EIN WICHTIGER SCHRITT IN DER REFORMATION.

DIES IST MARTIN LUTHER.
EIN AUGUSTINER-MÖNCH UND UNIVER-SITÄTSPROFESSOR, BEGRÜNDER DES PROTESTANTISMUS.
1483 - 1546
MARTIN LUTHER
ICH MEINE, DASS DER MENSCH DIE KIRCHE ODER DIE PRIESTER NICHT BRAUCHT, UM GOTTES VERGEBUNG ZU ERFAHREN.
DAHER DISTANZIERE ICH MICH VON VIELEN IM MITTELALTER EINGEFÜHRTEN RE-LIGIÖSEN BRÄUCHEN UND DOGMEN.
MARTIN LUTHER
ICH WILL ZUM CHRISTENTUM DES NEUEN TESTAMENTS ZURÜCKKEHREN.
ZUR SCHRIFT ALLEIN!
DIE IDEE IST, DASS JEDER DIE BIBEL LESEN KANN UND SEIN EIGENER PFARRER WIRD.
MARTIN LUTHER
NICHT DURCH EINHALTUNG RELIGIÖSER RITUALE ERLANGT DER MENSCH VERGEBUNG, SONDERN DANK SEINES GLAUBENS.

ENDLICH WIEDER IM FREIEN! DAS TUT GUT.
EIN HARTER BROCKEN, DIE RENAISSANCE!
?
WAS IST DENN DAS SCHON WIEDER?!
HILFSLINIEN ZUR PERSPEKTIVISCHEN DARSTELLUNG.
UND WAS MACHEN DIE HIER?
PERSPEKTI-VISCHES ZEICH-NEN WURDE IN DER RENAIS-SANCE ERFUN-DEN.
AH, OKAY. DAS HÖRT WOHL NIE-MALS AUF!
PUH!

ICH HABE KEINE LUST AUF WEITERE FRAGEN, ICH WILL DIESE SCHÖNEN GÄRTEN GENIEßEN.
DIE NATUR IST TOLL, ODER?
JA.
UMSO WICHTIGER, DASS WIR SIE SCHÜTZEN. WENN SIE WOLLEN, NENNE ICH IHNEN EIN PAAR LINKS ZU PETITIONEN ZUM UNTERSCHREIBEN.
APROPOS, ES GIBT IN DER RENAISSANCE NOCH EINE WEITERE WICHTIGE WENDE, DIE JEDOCH KAUM JEMANDEM BEWUSST IST.
DA SICH DIE WISSENSCHAFTSMETHODEN ÄNDERN, KOMMT ES ZU EINER TECHNISCHEN REVOLUTION, DIE IHRERSEITS ALLE SPÄTEREN ENTDECKUNGEN ERMÖGLICHT.
DIE MENSCHEN LÖSEN SICH VON DEN LAUNEN DER NATUR!

DER MENSCH IST NICHT LÄNGER TEIL DER NATUR, DIE NATUR WIRD ZU ETWAS, DAS NÜTZLICH IST UND AN DEM MAN SICH BEDIENEN KANN. „WISSEN IST MACHT", HAT FRANCIS BACON GESAGT.
DIE MENSCHEN FALLEN ÜBER DIE NATUR HER UND ERHEBEN SICH ÜBER SIE.
UND WENN MAN HEUTE SIEHT, WAS PASSIERT, KANN MAN OHNE ÜBERTREIBUNG SAGEN, DASS DER MENSCH ÜBER DAS ZIEL HINAUSGESCHOSSEN IST!
DU HAST RECHT, SOFIE, DAS GANZE IST NICHT NUR POSITIV. DER SICH IN DER RENAISSANCE ANBAHNENDE TECHNISCHE AUFSCHWUNG, DER IM INDUSTRIEZEITALTER NOCH BETRÄCHTLICH VERSTÄRKT WURDE, IST AUSLÖSER EINER GROßEN UMWÄLZUNG.
DER MENSCH ENTWIRFT MASCHINEN, DIE GUTES BEWIRKEN, ABER AUCH FÜR ARBEITSLOSIGKEIT SORGEN.
DER FORTSCHRITT ERMÖGLICHT DIE ENTWICKLUNG NEUER WIRKSAMER MEDIKAMENTE, BRINGT ABER AUCH NEUE KRANKHEITEN MIT SICH.
UND AUCH WENN DIE INTENSIVE BEWIRTSCHAFTUNG DER FELDER ZUR FOLGE HAT, DASS ALLE SATT WERDEN, WERDEN GLEICHZEITIG DIE BÖDEN AUSGELAUGT.
DER TECHNISCHE AUFSCHWUNG WAR AUSLÖSER VIELER GEFAHREN, DIE HEUTE DIE WELT BEDROHEN.

SICH ÜBER DIE NATUR ZU ERHEBEN.
ICH GLAUBE, DAS PROBLEM IST WENIGER DIE TECHNIK ALS VIELMEHR IHRE NUTZUNG.
WENN ER ÜBERLEBEN WILL, MUSS DER MENSCH AUFHÖREN, DIE NATUR AUSZUBEUTEN.
ER MUSS DIE MÖGLICHKEITEN DER NEUEN TECHNIKEN NUTZEN, OHNE SEINEN LEBENSRAUM ZU ZERSTÖREN!
ABSOLUT, EIN NEUES GLEICHGEWICHT MUSS HER.
PLUMPS
ALBERTO, SIE SIND DER BESTE PHILOSOPHIELEHRER, DEN ICH JE HATTE!
KNUFF

ZUM GLÜCK HATTEST DU NOCH KEINEN ANDEREN!

AAAAH, SOFIE!
WIE SCHÖN, DASS DU MICH ZU EINER FAHRRADTOUR EINLÄDST!
ICH WOLLTE SIE UNBEDINGT SEHEN. ICH MUSS IHNEN ETWAS ZEIGEN!
KOMMEN SIE MIT!
ICH NUTZE GERN DIE GELEGENHEIT FÜR WEITERE PHILOSOPHIESTUNDEN.
ALLES ANDERE HÄTTE MICH ÜBERRASCHT.

DAS BAROCK
WIR KOMMEN JETZT ZUM SIEBZEHNTEN JAHRHUNDERT, DER EPOCHE DES BAROCKS!
DER BEGRIFF STAMMT AUS DEM PORTUGIESISCHEN UND BEDEUTET „UNREGELMÄßIG GEFORMTE PERLE".

DIE KUNST DES BAROCKS ZEICHNET SICH IN DER TAT DURCH SEHR KONTRASTREICHE FORMEN AUS, IM GEGENSATZ ZUR RENAISSANCE, DIE – DAS HABE ICH NOCH NICHT GESAGT – EINFACHHEIT UND HARMONIE PREDIGT.
WIE IN DER RENAISSANCE FINDET MAN DIE VERHERRLICHUNG DES LEBENS, ABER AUCH DAS ANDERE EXTREM, SEINE NEGIERUNG UND EINE FORM DER ENTSAGUNG.
OB IN DER KUNST ODER IN DER REALITÄT, DAS LEBEN ENTFALTET SICH MIT EINEM NIE DA GEWESENEN PRUNK, GLEICHZEITIG LADEN DIE KLÖSTER ZUR ABKEHR VON DER WELT EIN.
IN POLITISCHER HINSICHT WAR DAS BAROCK EINE KONFLIKTREICHE EPOCHE.
EUROPA WIRD VON KRIEGEN VERWÜSTET, DER VERHEERENDSTE WAR DER DREIßIGJÄHRIGE KRIEG VON 1618 BIS 1648 ZWISCHEN PROTESTANTEN UND KATHOLIKEN.
IM SIEBZEHNTEN JAHRHUNDERT HERRSCHTEN GROßE KLASSENUNTERSCHIEDE.
IN FRANKREICH GAB ES BEISPIELSWEISE DEN FRANZÖSISCHEN ADEL AM HOF VON VERSAILLES, ABER AUCH EINE GROßE ARMUT DES VOLKES!
WO WOLLEN WIR HIN?

ICH WOLLTE DURCH DEN WALD RADELN, DAS IST SCHÖNER.
EIN BISSCHEN FRISCHLUFT ...
DU HAST RECHT, DIE HITZE IST ERDRÜCKEND.
MIR SCHEINT ABER AUCH, DU HAST EINEN HINTERGEDANKEN, SOFIE, STIMMT'S?
„LEBEN IST NUR EIN WANDELND SCHATTENBILD."
„EIN ARMER KOMÖDIANT, DER SPREIZT UND KNIRSCHT SEIN STÜNDCHEN AUF DER BÜHN' UND DANN NICHT MEHR VERNOMMEN WIRD."
„EIN MÄRCHEN IST'S, ERZÄHLT VON EINEM DUMMKOPF VOLLER KLANG UND WUT, DAS NICHTS BEDEUTET."

DAS IST AUS „MACBETH", EINEM THEATERSTÜCK VON SHAKESPEARE.
SHAKESPEARE, DER GRÖßTE BÜHNENAUTOR DER EPOCHE, HAT SEINE SCHÖNSTEN STÜCKE UM DAS JAHR 1600 GESCHRIEBEN. ER STEHT MIT EINEM BEIN IN DER RENAISSANCE, MIT DEM ANDEREN IM BAROCK. DIE VORSTELLUNG VOM LEBEN ALS THEATER DURCHZIEHT SEIN GANZES WERK.
„WIR SIND VOM GLEICHEN STOFF, AUS DEM DIE TRÄUME SIND, UND DIES KLEINE LEBEN UMFASST EIN SCHLAF."
WENN SIE DAS LEBEN NICHT MIT DEM THEATER VERGLICHEN, VERGLICHEN ES DIE BAROCKEN DICHTER MIT EINEM TRAUM, WIE IN „DER STURM".
„DER NARR HÄLT SICH FÜR WEISE, ABER DER WEISE WEIß, DASS ER EIN NARR IST."
„DIE GANZE WELT IST BÜHNE, UND ALLE FRAUN UND MÄNNER BLOßE SPIELER. SIE TRETEN AUF UND GEBEN WIEDER AB."
„VIEL STREICH, OBWOHL VON KLEINER AXT, HAUN UM UND FÄLLEN SELBST DIE HÄRTSTE EICH."
„UND LIEBE WAGT, WAS IRGEND LIEBE KANN."
„DAS IST EINE BÖSE ZEIT, WENN WAHNWITZIGE DIE BLINDEN FÜHREN."
„WAS LIST VERBORGEN, WIRD ANS LICHT GEBRACHT."
AAAH, SHAKESPEARE ...

GLEICH WIRD ES REGNEN.
STELLEN WIR UNS UNTER!
ICH WEIẞ, WO WIR HIN-KÖNNEN.
UND DIE PHILO-SOPHIE DES SIEB-ZEHNTEN JAHR-HUNDERTS?
AUCH SIE WURDE VON GROẞEN KON-FLIKTEN ZWISCHEN VERSCHIEDENEN DENKWEISEN GEPRÄGT. MANCHE SAHEN IM MENSCHEN EIN SEELISCHES ODER GEISTIGES WESEN. DIESEN STANDPUNKT NENNEN WIR IDEALISMUS.
IHM GEGENÜBER STEHT DER MATERIALISMUS, DER ALLE PHÄNOMENE DES LEBENS AUF STOFFLICHE GRÖẞEN ZURÜCKFÜHRT.
HUUI…
HUUI!!
ALS WOLLTE MAN UNS AM VORAN-KOMMEN HINDERN!
WO FÜHRST DU MICH HIN, SOFIE?
HUUI…

SIE SPRACHEN VON MATERIALISTISCHEN PHILOSOPHEN.
?
JA.
DER EINFLUSSREICHSTE IST SICHERLICH THOMAS HOBBES, DEMZUFOLGE ALLE PHÄNOMENE AUSSCHLIEßLICH AUS STOFFPARTIKELN BESTEHEN, SOGAR DAS MENSCHLICHE BEWUSSTSEIN.
ER WIEDERHOLT, WAS DEMOKRIT 2000 JAHRE ZUVOR GESAGT HAT!
JA! IDEALISMUS UND MATERIALISMUS DURCHZIEHEN DIE GESAMTE PHILOSOPHIEGESCHICHTE, ABER SELTEN WAREN BEIDE AUFFASSUNGEN ZUR GLEICHEN ZEIT SO PRÄSENT WIE IM BAROCK.
WAR DAS ALLES?
WILLST DU BEI DIESEM WETTER WEITER PHILOSOPHIEREN?
JA!
GUT.
LAPLACE, EIN MATHEMATIKER, HAT GESAGT: „EINE INTELLIGENZ, DIE IN EINEM GEGEBENEN AUGENBLICK ALLE KRÄFTE KENNT, MIT DENEN DIE WELT BEGABT IST … NICHTS WÄRE FÜR SIE UNGEWISS, ZUKUNFT UND VERGANGENHEIT LÄGEN KLAR VOR IHREN AUGEN."

DIE IDEE IST, DASS ALLES, WAS GESCHIEHT, VORHERBESTIMMT IST. DIESES WELTBILD NENNEN WIR DETERMINISMUS.
KRACH
KOMM SCHNELL, BEI EINEM GEWITTER DÜRFEN WIR NICHT UNTER DIESEM BAUM BLEIBEN!
NEIN, HIER LANG!!
„DETERMINISMUS"?
IST DER FREIE MENSCHLICHE WILLE DANN NICHTS ALS EINE ILLUSION?
JA! MAN HIELT ALLES FÜR EIN PRODUKT MECHANISCHER PROZESSE, AUCH UNSERE TRÄUME UND GEDANKEN.
MIT DIESER VORSTELLUNG BIN ICH ABSOLUT NICHT EINVERSTANDEN. DARUM HABE ICH SIE HIERHERGEFÜHRT!

?!!
DU WILLST ZURÜCK IN DIE HÜTTE?
WARUM?
ICH HABE KEINE BRIEFE MEHR GESCHRIE-BEN!
UND ICH WÜRDE DICH GERN NOCH MIT SPINOZA UND DESCARTES VERTRAUT MACHEN, DEN ZWEI GRÖßTEN PHILOSOPHEN DES …
SEHR GERN, ABER NICHT JETZT!

ICH WILL ZURÜCK IN DIESE HÜTTE. ICH GLAUBE NÄMLICH, DASS SICH DORT DIE WAHRHEIT ÜBER UNS FINDET, UND ICH MUSS SIE WISSEN!
OHNE MICH, SOFIE!
WARUM?
DIESES GEWITTER VERHEIßT NICHTS GUTES. ICH HABE DAS GEFÜHL, DEINE RÜCKKEHR IST UNERWÜNSCHT.
EIN GRUND MEHR, NICHT AUFZUGEBEN!!!
VIEL GLÜCK!
RUMS

KRRRRRRRAAAAAAACH
?
ABER?
DIE SZENERIE AUS MEINEM TRAUM!
IN DEM DIESE HILDE AUFGETAUCHT IST.
?

MIST!
BLÖDES TEIL.
KRACH
DICH KRIEGE ICH NOCH AUF!
KNACK

…
IRRE!
SHIR KHAN! DU HAST HUNGER, WAS?
HM? DA STEHT NICHT MAL MEINE ADRESSE …
Wer bist du?
?
WER BIST DU?
WER BIST DU?
IST SCHON KOMISCH, DASS MIR JEMAND EINFACH SO EINE KARTE SCHICKT, MIT EINER FRAGE …
WER SCHREIBT MIR DENN SO WAS?
ICH …
… ICH BIN EINE COMICFIGUR!

JEMAND ZEICHNET MICH.
LEGT MIR WORTE IN DEN MUND.
JORUNN! JORUNN!!
SORRY FÜR DIE VERSPÄTUNG! HAB ICH ETWA ALLES VERPASST?
FLATTER
KLOPF
IRRE
GRRRR!

ALBERTO!
SOFIE?!
WAS MACHST DU DA?
ICH REBEL-LIERE!
WAS?
HIER STEHT ALLES!!!
WIR SIND COMICFIGUREN. WIR ENTSCHEI-DEN NICHTS VON DEM, WAS PAS-SIERT UND WAS WIR SAGEN.

GRRR, ICH HÖRE NICHTS. WAS?!
ICH WILL KEINE MARIONETTE MEHR SEIN!
ES LEBE DER FREIE WILLE!!!
DU BIST ZU WEIT WEG.
KOMM RUNTER! ICH HABE NOCH SO VIEL LEHRSTOFF FÜR DICH!
DAS IST MIR KLAR, DAFÜR WURDEN SIE JA ERSCHAFFEN.
ABER ICH WILL MEIN LEBEN IN DIE HAND NEHMEN.
KEINE AHNUNG, WIE ICH ES ANSTELLEN SOLL, DAFÜR BLEIBT MIR HOFFENTLICH DER GANZE ZWEITE BAND!
UND SIE ...

Zabus & nicoby

SOFIES ABENTEUER GEHT WEITER:

Sofies Welt

ODER DIE GESCHICHTE DER PHILOSOPHIE

BIS HEUTE

ERSCHEINT IM HERBST 2023

Dank

DIE AUTOREN DANKEN ALLEN, DIE ZUR ENTSTEHUNG DES BUCHS BEIGETRAGEN HABEN.

INSBESONDERE:
JOSTEIN GAARDER, DER UNS DABEI FREIE HAND GELASSEN HAT,

HERVÉ POURTOIS, PHILOSOPHIEPROFESSOR AN DER KATHOLISCHEN UNIVERSITÄT LÖWEN, FÜR DIE AKRIBISCHE DURCHSICHT UND DIE WERTVOLLEN KORREKTUREN,

JÉRÔME FAUCHEUX FÜR SEINE KENNTNIS DER NORWEGISCHEN KULTUR,

CHARLOTTE FÜR IHREN SCHARFEN BLICK IM ALLTAG,

ROMÉO, DER UNS STETS DAZU ANHÄLT, DIE WELT AUFMERKSAMER ZU BETRACHTEN,

UND VOR ALLEM MARTIN FÜR SEINE EINDRUCKSVOLLE INTUITION UND DIE VIELEN RATSCHLÄGE,

NICHT ZU VERGESSEN LAUREN FÜR DIE WUNDERBARE RUNDUMBE-TREUUNG.

NICOBY UND VINCENT ZABUS

Inhaltsverzeichnis

1. WER BIST DU? 5
2. MYTHEN UND NATURPHILOSOPHEN 26
3. ATOM UND SCHICKSAL 49
4. ATHEN UND SOKRATES 69
5. PLATON 93
6. ARISTOTELES 129
7. DER HELLENISMUS 143
8. ZWEI KULTUREN 174
9. DER HEILIGE AUGUSTINUS 194
10. DIE RENAISSANCE 222
11. DAS BAROCK 244

3. AUFLAGE 2026

ISBN 978-3-446-27470-9

UMSCHLAGGESTALTUNG: SEBASTIAN VÖLKEL, MÜNCHEN, UNTER VERWENDUNG
EINER ILLUSTRATION VON NICOBY
LETTERING: GÖTZ ROHLOFF – DIE BUCHMACHER, KÖLN
SATZ IM VERLAG
DRUCK UND BINDUNG: PNB PRINT LTD., SILAKROGS
PRINTED IN LATVIA

MIX
Papier | Fördert gute Waldnutzung
FSC® C084698